Carmen Sylva, Mite Kremnitz

Aus zwei Welten

Carmen Sylva, Mite Kremnitz

Aus zwei Welten

ISBN/EAN: 9783743354289

Hergestellt in Europa, USA, Kanada, Australien, Japan

Cover: Foto ©ninafisch / pixelio.de

Manufactured and distributed by brebook publishing software (www.brebook.com)

Carmen Sylva, Mite Kremnitz

Aus zwei Welten

Aus zwei Welten.

Von

Dito und Idem,

Dritte Auflage.

Bonn 1888.
Verlag von Emil Strauß.

Sehr verehrter Herr Professor!

Es drängt mich dazu, Ihnen selbst und direkt
zu sagen, welchen tiefen, unbeschreiblichen Genuß
mir Ihr herrliches Buch bereitet hat, und Sie
werden es einer völlig Fremden gewiß nicht ver=
argen, wenn sie ihrer großen Freude Ausdruck
verleiht. Bringt doch ein liebes Buch den Schrift=
steller allen Menschen so nahe, daß sie ihn zu
kennen glauben, als hätten sie immer mit ihm ge=
lebt! Ich habe mich nun seit Wochen in Ihre
Gedanken vertieft und in der Welt gewandelt,
die Sie vor meinen Augen aufbauen. Wahrlich,

die Statuen bekamen Leben, die Tempel erhoben und wölbten sich, der südliche Himmel glitzerte in goldenem Lichte, die todten Namen bekamen Fleisch und Blut und wandelten, jubelten und litten, wie wirkliche Menschen. Ach! ich danke Ihnen von ganzem Herzen für das Glück, in die Welt des Schönen so vollständig entrückt worden zu sein, daß mir die meinige ganz verwandelt schien, wie verklärt und durchgeistigt. Das Nüchterne wurde zum Gedicht, das Alltägliche reizvoll, das Kleinliche groß und von ganz neuer Bedeutung.

Und noch immer, wo ich endlich das Buch geschlossen, gehe ich auf Wolken und habe Licht in den Augen. Es wird gewiß Allen so gehen, die an Ihrer Hand gewandelt, und Jeder wird sich sagen, daß die Erde dennoch kein Jammerthal ist; beut sie doch des Schönen so viel und gute Menschen giebt es auch, die ihre Gottähnlichkeit nicht verläugnen und vergessen. Wie bedaure ich Diejenigen, die das Schöne nicht mehr sehen, die dem gütigen Schöpfer grollen, weil Er ihren Lebensweg anders geordnet, als er ihnen vorgeschwebt, weil sie keine Genialität besitzen!

Ist es denn nicht schon Glücks genug, die

Genialität eines Andern verstehen und sich daran freuen zu dürfen?

Und wer nun gar Schöpferkraft besitzt, der dürfte niemals klagen; denn der erreicht das Höchste, nach dem man auf Erden streben kann!

Indem ich Ihnen noch einmal für den Hochgenuß danke, den Sie mir und so Vielen, Vielen bereitet, bin ich, mit dem Ausdruck aufrichtigster Bewunderung,

Ihre ergebene

Ulrike,
Prinzessin zu Horst-Rauchenstein.

Holder Mäcen!

Wie gnädig, wie überaus gnädig! Mir zu danken „selbst" — nicht etwa durch einen Sekretär oder eine Hofdame — und „direkt", — nicht etwa durch ein hochlöbliches Ministerium welches mir wohl eine Anerkennung dekretiren sollte? Und warum? Weil ich Höchstdero Mußestunden um ein Gähnen hinter dem von Künstlerhand verzierten Fächer vermehrt! Uebrigens wundert mich, da Sie das „Schaffen" so hoch stellen, daß Sie nicht geruhten, mir in einer Nachschrift einen Auftrag für eine Elfenbein-Malerei zu geben, „damit der arme Tropf doch auch einen klingenden Beweis des gnädigen Wohlgefallens" hätte. Denn was verstehen Sie unter einem Künstler anders als einen Menschen, der Ihre Umgebung stilgerecht zu dekoriren im Stande ist? Aber wie in aller Welt verloren sich meine „Gedanken über die Kunstgeschichte" — ein arroganter Titel für die unter heißem Himmel in erster Jugendzeit heiß empfundenen Eindrücke einer griechischen Pilgerfahrt — wie verloren sie sich in das Boudoir einer Hochgeborenen? Sie meinten wohl, die Kunst gehöre zu den Höfen, weil auch sie der Form huldigt? Ja, meine Gnädige, aber der ewigen Form, nicht der Form ohne Gehalt, dem Wort ohne Sinn, der Ausgeburt des Vergänglichen! Doch zum Prediger in der Wüste fühle ich mich nicht berufen.

„An meiner Hand" sind Sie „gewandelt"? Die beglückte, staubgeborene Hand! An diesem Satz, oder dieser, verzeihen Sie: Phrase, hatte ich die Frau erkannt, ehe ich zu dem schön erdachten Namen (wirklich schön! Nicht wahr, von und zu Horst=Rauchenstein?) gelangte. Giebt es für eine Frau auch nur Einen Gedanken, der sich nicht an die Hand, die ihn niedergeschrieben, und dem Haupt, dem er erstiegen, bindet? Dazu die leise Klage über die böse Welt, die zwischen den Zeilen liegt, die aber unsere aufmerksamen Män=

nerohren doch erlauschen. Was giebt es für Sie
denn Schlimmes auf der Welt? Trinkt oder jagt
der hohe Gatte zu viel? Hat er etwa zarte Paſ-
ſionen, — oder iſt gar der junge fürſtliche
Vetter aufmerkſamer zu der niedlichen Zofe als zu
der „Gnädigen“? Ach, die Welt, die böſe Welt —
die für Ihresgleichen bei der eigenen, gebenedeiten
Perſon aufhört, denn was kümmert es Sie, ob
Tauſende verhungern, „die ſind es ja gewohnt!“

Daß es „gute Menſchen“ giebt, das hätte ich
Sie gelehrt?

Donner und Doria! Das bezieht ſich aber
darauf, daß der Pedell mir eben die Nachricht
bringt, es gebe in dieſem ganzen, gelehrten Neſt
keinen Gothaer Almanach Sie, ſogenannte Prinzeſſin Ulrike von und zu (bitte, laſſen wir das
„zu“ nicht aus) haben ihn wohl vorher aufgekauft?
Nämlich, daß ich's nur geſtehe, — es liegt ein
Accent ſo rührender Wahrheit in ihrem Schrift-
ſtück, daß ich faſt, faſt myſtificirt worden wäre.
Aber die „guten Menſchen“, auf die Sie bauen,
haben mich entſchieden. Ich ſah dazu die braunen
Kinderaugen, die mich neckiſch anlachten.

Und die ganze, ſentimentale Gemüthsfaſelei

Seien Sie mal ehrlich gegen sich, ich verlange nicht einmal, daß Sie es gegen Andere sind, wenn Ihnen die neuen Moden stehen, Ihr Papagei nicht kränkelt, der Gemahl gehorsam ist, und Ihre Cousine nicht schöner aussah als Sie auf dem letzten Hofball in Paris, dann ist die Welt sonnig und gut. Ist aber eine Toilette mißrathen, ein Pferd — „Diana" heißt es meistens — gestürzt, oder hat sich „Edgar" verlobt, dann ist die Welt ein „Jammerthal", und „gute Menschen" können Einen höchstens „unpersönlich" trösten. Jedenfalls bin ich dem Schicksal dankbar, daß ein Buch von mir Ihnen in solcher Stimmung durch eine Ironie des Zufalls in die Hände fiel; ich kann aber nicht versprechen, daß ich das nächste Mal wieder mit einer so jugendlich bequemen Lectüre bei der Hand sein werde; denn ich schreibe jetzt — doch wozu Sie zum Schluß noch unnöthig chokiren!

Und nun, meine gnädigste Frau Prinzessin, bleibe ich Euer fürstlichen Gnaden

unterthänigst ergebener und
dankbarer Diener

Dr. Bruno Hallmuth,

o. Prof. an der Univers. Greifswald.

Also nicht nur ein großer Gelehrter, ein Dichter von Gottes Gnaden sind Sie, mein werther Herr Professor, sondern ein noch viel größerer Psycho- loge und Menschenkenner, der sofort die Mystifi- cation entdeckt, statt als Opferlamm in die Schlinge zu gehen. Meine Bewunderung für Sie ist na- türlich in dem Maaße gestiegen, als ich Ihre Divinationsgabe erkannte. Nur in einem Punkte gehen Sie doch wohl zu weit: warum muß ich denn durchaus eine junge, schöne, vornehme Frau sein? Vielleicht bin ich ein armer Student, der in ungeheiztem Zimmer sich bei einem Talglicht an dem Feuer dieses harmlosen Scherzes erwärmte und einen wohlklingenden alten Namen wählte

damit sein Schreiben nicht ungelesen in den Papier=
korb wanderte. Vielleicht bin ich ein junger Of=
ficier, der bei einem tollen Ritte das Bein gebrochen
und zum Stillliegen verdammt, seit Jahren zum
ersten Male zu einem Buch gegriffen hat! War=
um soll ich durchaus gegähnt haben, wenn ich mir
doch die Mühe gegeben habe, einen Brief zu schrei=
ben. eine Beschäftigung, die mir jedenfalls ebenso
ungewohnt, wie langweilig ist. Daher auch meine
etwas steife, aufrechtstehende Handschrift, die doch
nichts Weibliches an sich trägt. Vielleicht aber
— vielleicht — o Schrecken und Graus! — bin
ich eine hüstelnde alte Dame, die hinter der spani=
schen Wand, im Lehnstuhl am Kamin sitzt, mit den
Füßen im stramingestickten Fußsack, den eine ge=
plagte, ältliche Gesellschaftsdame mir zum Geburts=
tag gemacht und den mein Schooßhund bereits
zernagt und zerzaust und welcher, neben meinen
Füßen, noch einen Selterserkrug mit heißem Wasser
enthält. Handschuhe schmücken die runzligen Hände,
an denen ein Paar abgenutzte Ringe klappern,
und das Kinn wird vom Haubenbande festgehalten,
damit es nicht herunterfällt. Vielleicht hat mich
Ihre vielverachtete Jugendsünde wieder verjüngt,

und da Sie schon ein älterer, erfahrener Mann sind und die Welt kennen wie einen umgekehrten Handschuh, so würden wir uns vortrefflich verstehen. Sie schimpfen über die Junker, die Sie nicht verdauen können, und ich über die Socialdemokraten, die mir im Magen liegen, und wir begegnen uns dann in dem allgemeinen Stoßseufzer über die schwere Zeit und das irdische Jammerthal. An diesen Ausdrücken hätten Sie doch gleich merken können, daß ich eine alte Dame bin, anstatt mir allerhand Romane mit Edgar und Eduard und meinem idioten Gemahl anzudichten. Vielleicht habe ich das Alles einmal gehabt, oder nicht gehabt, was noch viel schlimmer ist, und mein Gemüth nothwendigerweise verbittern mußte, wie das Ihrige durch mangelnde Orden und Ehrengrade verbittert wurde. Wirklich, Sie verdienten, daß ich Ihnen einen Orden verschaffte; denn wer weiß, ob ich nicht ein einflußreicher alter Herr bin, ein Minister oder General a. D. oder sonst eine Excellenz mit steifen Beinen, steifem Nacken, aus dem die dünnen Haarsträhnen hinauf über den Schädel gebürstet sind. Oder ich bin gar der Reichsunmittelbaren Einer, ein kleiner König in meiner

Grafschaft oder ein Mann in Amt und Würden und kann Sie verfolgen, bis auf's Blut. Sie sind wirklich nicht ganz vorsichtig gewesen, und ein so vornehmer Geist wie Sie dürfte nicht so „niederträchtig" sein, wie unsere Bauern statt „leutselig" sagen, und so reden wie die Andern, die nie in südlicher Sonne erglühten. Doch, für diesmal soll Ihnen gnädig verziehen sein, in Anbetracht ihres Bedürfnisses, einmal die Galle auszufegen, die sich in Ihnen gegen die „Reichen" angesammelt. Uebrigens sind Sie hierin ganz biblisch. Die Reichen sind schon vor Jahrhunderten zur Hölle verdammt worden; deßhalb bleibt ihnen nichts Anderes mehr übrig, als sich an dem irdischen Dasein zu freuen. Wie gesagt, ich bin großmüthig, obgleich mich das Podagra wieder sehr plagt und mich verstimmen könnte.

Der bewußte Mäcen.

E, sieh mal an, der kleine Rauchensteiner Aus-
bruch! Kaum hat er ausgegährt und wird in
Flaschen gefüllt, da schmeckt er schon wie 1827er
und steigt Einem zu Kopf wie Lacrimae Christi.
Spricht von „Bewunderung" für mich und meiner
„Divinationsgabe" und lacht sich dabei die kleine
Patrizierseele aus der engen Schnürbrust heraus.
Wir bilden uns natürlich ein, so ein gelehrtes
Haus in Schlafrock und Pantoffeln sinkt bei einer
Schmeichelei in die Knice und schnappt danach
wie der Frosch nach Fliegen. Man muß aber
Andere nie nach sich beurtheilen, Kind; aus zwei
Gründen nicht: sind die Anderen besser, hat man
sich verrathen, sind sie schlechter — ist man ver-
rathen.

„Warum" müssen wir „eine schöne, junge, vornehme Frau" sein? Ein deutscher Professor kann darauf nur methodisch antworten; das hat er mit den Pfaffen gemein, die auch immer ihre Kanzelrede mit einer Disposition anfangen. Also ad „jung". (Ad ist dem Lateinischen entlehnt. Ihnen also verschlossenes Gebiet. — darum führen wir „großen Herren" es in unserem Kramladen, anstatt des frisch gemähten Deutsch, meinem Lieblingsparfüm.) Jung sind wir, weil unser Stil jung ist, weil wir, „ach, ich danke Ihnen" schreiben und die Adjective häufen und vom „goldenen" Licht sprechen. Für Sterbliche meines Alters ist das Licht „grell", weil es alle Runzeln zeigt.

2. ad „schön". Schön sind wir, — ja hätten Sie mich nicht einen Psychologen geschimpft in Ihrer weiblichen „Niederträchtigkeit", so würde ich wohl aller Logik zum Trotz sagen: weil Sie das Schöne fühlen können; kein Glas kann eine Flasche fassen! Doch lassen wir „schön" lieber, es ist ein gefährliches Thema für einen Professor der Aesthetik.

3. ad „vornehm". Vornehm sind Sie, weil Sie so bescheiden, so demüthig mir nahten. Demuth

kennen nur die Vornehmen. Außerdem ist Ihre Schrift herzerquickend vornehm. Aber verstehen wir auch dasselbe unter „vornehm"?

Und nun 4. ad „Frau". Ja, Frau sind Sie, obgleich die „Orthographischen" fehlten! Aber ich kann über diesen Mangel hinfort sehen bei Ihrer Fülle von idealem Enthusiasmus, der immer in — persönlicher Liebe endet! Frech, nicht wahr? Aber mein Alter erlaubt mir das. Auch Ihr Alter kann ich bestimmen, und riskire wenig: überschätze ich Sie, — sind Sie stolz, so weise zu erscheinen; unterschätze ich, — verzeiht es mir die Frau. Sie sind zwischen dem 24. und 26. Jahre, in dem die Frau zuerst fühlt, daß sie nicht immer jung bleibt, da sucht sie den Gegenstand, um den sie ihre neuen, „unpersönlichen" Gefühle gruppiren kann. Ein Mädchen hätte sich nicht mit jener reizenden Sicherheit an einen Mann gewandt, um ihm zu sagen, daß die Welt ein „Jammerthal" und er „gut" sei.

So ungefähr lautete mein Urtheil nach Ihrem ersten Schreiben. Was das „ungefähr" verbirgt, ergründet die listige Evastochter, die mir von „unsern" Bauern spricht, um mich irre zu führen

Aber ich lasse mich nicht irre führen. Keine Hochgeborene besitzt den sprühenden Geist Ihres zweiten
Briefes, keine hätte den Humor, die Correspondenz mit einem Igel fortzusetzen, und keine Er-
oder Durchlaucht schriebe so korrektes Deutsch, da
ginge es ohne, „wohlaffectionirt“, „cheriren“, regrettiren“ u. s. f. nicht ab.

Und doch und doch!

Bitte, lüften Sie die Maske, ehe die Schnell-
post — die ungefähr so schnell geht wie die Treck-
schute auf dem holden Ryck — mir den rothen
Almanach bringt, und ich sie Ihnen abreiße.

Götter! Und dies Wesen wagt zu drohen einem
freien Professor der freien Universität Greifswald.
(Die einzige in deutschen Gauen, die sich aus eigenen Mitteln erhält, Herr Minister, und ihr Rector
hat Fürstenrang.)

So ein Minister ist ja ein Dienstmann gegen
uns Freiherren! Zwar werden die Ferien der
Professoren manchmal, so sagte einer meiner Vor-
gänger, von den Collegien unterbrochen, aber,
glauben Sie mir, es geschieht recht selten.

So viel um meinen Stand zu vertheidigen;
von meiner „socialdemokratischen“ Person spreche

2*

ich nicht, sonst könnte ich vielleicht den Spieß um-
drehen und fragen: woher wissen Sie denn, daß
ich zu den Armen gehöre? Der Reichthum ist ja
in den Händen der Plebejer und der Juden, —
vielleicht bin ich Beides! Mit Orden spaßen Sie?
Mann, Weib oder Kind, was Du auch seiest, achte
die Orden, sie sind das Sinnbild der menschlichen
Knechtischkeit! Doch ziehen wir, wie auf dem
Theater vor dem Hochgericht, den schwarzen Vor-
hang darüber. Im Uebrigen: ich habe noch Keinem
das Recht gegeben, mich „auszuzeichnen"; ich kann
wohl Jemand auszeichnen, mich aber Keiner!

O weh! Nun wird der „Socialdemokrat" noch
beinah ernsthaft zum Schluß. Verzeihen Sie ihm!
Der Wind stürmt um das alte Haus, in dem
einst Wallenstein, ehe er Stralsund belagerte, gewohnt hat. Er ist mein Vorbild, — mich reizt
auch nur das Uneinnehmbare!

Trotzdem bin ich zu den Füßen meiner ge-
fürchteten Excellenz in blondem Zopf, schwarzem
Auge und wohlbekannter kleiner, runder Gestalt

Ihr gehorsamster Diener

Bruno Hallmuth.

Justum ac tenacem propositi virum Non civium ardor prava iubentium, Nec vultus instantis tyranni Mente quatit solida — das heißt auf deutsch: Bange machen gilt nicht! Also wenn ich ein junges Mädchen wäre, so wäre es höchst unpassend von mir, an einen fremden Herren zu schreiben, wogegen das für eine verheirathete Frau zulässig ist? Das verstehe ich nicht. Ich habe freilich noch keine große Welt gesehen, bin noch nie auf einem Ball gewesen und habe noch kein Sterbenswort von einem Roman gelesen, sonst würde ich es vielleicht verstehen. Ich bin fast ganz von Männern erzogen und in Freiheit dressirt, und da ich schon 19 Jahre alt bin, —

wirklich erst 19 Jahre und keine alte Jungfer!
— so erlaubt mir mein Vater Alles, außer Ro-
manlesen und Freundinnen. Ich habe mehrere
Freunde mit grauen Haaren, — Sie haben doch
graue Haare, nicht wahr? Nur die Männer mit
grauen Haaren habe ich gern, die jungen sind
oft so einfältig, daß ich gar nicht weiß, was ich
mit ihnen anfangen soll und thun dabei doch so
weise, weil sie Salluft lesen und Homer auf
Griechisch. Das kann ich nun leider nicht, finde
ihn aber auch auf deutsch so schön, so einfach
und klar, wie den Wald. Und dann kommt man
mir mit Lenau! Da habe ich noch lieber die
holprigen Hexameter von Voß!

Wissen Sie, daß es gar nicht ritterlich von
Ihnen ist, mein Herr Freiherr, mich bange machen
zu wollen und mich daran zu erinnern, daß ich
ganz fürchterlich unbescheiden bin und Ihre kostbare Zeit raube. Sie haben mich doch selbst zu
einer Correspondenz verleitet, die ich gar nicht anfangen wollte. Ich wollte nur dem Brausen
Luft machen, das die Sehnsucht nach soviel Schönem
in mir erzeugt. Sie sind aber so anmaßend, —
beinahe als wenn Sie jung wären, — daß es

mich ein wenig beruhigt in Bezug auf meine Zu=
bringlichkeit. Sie beziehen nämlich das Wort
„gute Menschen" auf sich selber und ich sprach
von Praxiteles und Pausanias! Ich weiß ja
gar nicht, ob Sie gut sind, obgleich es jedenfalls
gütig von Ihnen ist, mit einem Kinde zu scherzen.

Nun ad oder lieber at Schönheit!

Ich bin nämlich gar nicht schön, viel zu groß,
viel zu breitschultrig, viel zu schlank, um nur
entfernt an antike Schönheit zu erinnern. „Braune
Augen!" Alter deutscher Adel und braune Augen!!
Blaue natürlich; d. h. sie hätten eigentlich veilchen=
blau sein sollen, wie meines Vaters wunderschöne
Augen, sie haben aber in's Graue degenerirt, —
will sagen ausgeartet, sie sehen zuweilen grün
aus und manchmal sogar schwarz, sagt man.
Das habe ich aber noch nie gesehen; denn das
passirt nur bei großer Aufregung und da sehe
ich nicht in den Spiegel. Mein Gesicht ist natür=
lich lang, die Stirn zu hoch, die Mähne, die hätte
roth sein sollen, ist glücklicherweise in's Braune
übergegangen, mit rothen Fäden drin, ist aber
weder durch Kamm noch Nadel zu bändigen. Ich
reite und schwimme und jage und marschire und

habe rothe Backen, wie ein Bauernmädchen, und die Nase, ach! die Nase hat gar keinen griechischen Ansatz! Sie armer, armer Priester des Schönen!

In Liebe sollen alle meine Gefühle endigen? O hätten Sie das Gelächter gehört, das bei diesem Satze mich schüttelte! Ich weiß ja noch gar nicht, was das ist, Liebe, und es verlangt mich auch gar nicht darnach, sie kennen zu lernen. Denn die würde mich von meiner einzigen Liebe auf Erden, von meinem Vater, trennen, und bei dem bloßen Gedanken füllen sich meine Augen mit Thränen. Neulich war mein Geburtstag; da sagte er: „In zwei Jahren bist Du majorenn!" Ich fühlte etwas ganz Unbehagliches, Fremdes, und frug: „Worin wird denn der Unterschied bestehen mit Jetzt?" „Nun, z. B. darin, daß Du ohne meine Einwilligung heirathen kannst!" Ich drückte ihm mit den Wangen den Mund zu und küßte seine Hände und sagte, es sei gottlos, nur so etwas zu denken! Ich will gar nicht heirathen, denn nie kann ein Mann nur halb so gut sein wie mein Vater und wäre es einer der griechischen Halbgötter! So, nun haben Sie meine Ansicht von der Liebe, at Liebe war es wieder.

Nun at Grammatik. Sie schmähen schon wieder
meine Kaste, indem sie von „regrettiren,“ „affection-
niren“ u. s. w. reden. Ich gehöre nicht zum Rheinbund
und mein Vater auch nicht, und — worauf es
eigentlich ankam — mein Großvater auch nicht!
Wir waren leidenschaftlich deutsch, urdeutsch von
jeher und nun muß dennoch unsere Linie erlöschen;
denn ich bin, leider Gottes, ein Mädchen und das
einzige Kind! Dies ist aber auch der einzige
Kummer, den ich meinem vergötterten Vater zu
bereiten gedenke.

Der Wind stürmt um Ihr Haus, das Wallenstein bewohnte? Erstens freut mich der Wind
immer; das ist mein bester Freund, heiße ich doch
selbst immer „Wirbelwind,“ „die wilde Ulla,“
„Hex am Bändel,“ und dergleichen. Wenn er
aber gar um ein altes Haus heult, dann habe
ich ihn noch viel lieber. Rauchenstein stammt aus
dem zehnten Jahrhundert, steht auf hohem Felsen,
mit Erkern und Thürmen, von mächtigem Buchen-
wald umrauscht, von Epheu umklammert, der zum
Baum geworden, mit den gewissen schmalen, spitzen,
dunklen Blättern. Ich sitze in meinem Thurm-
stübchen, wo es am tollsten stürmt, und schreibe

und lese und träume und singe noch viel lauter
als der Sturm, wenn mich mein Vater nicht braucht,
dem ich vorlese, mit dem ich Trictrac spiele, oder
Piquet und Fußtouren mache und reite, wenn er die
entlegenen Güter besucht. Solche Besuche beschreibe
ich Ihnen einmal, wenn ich Sie nicht langweile.
Sie scheinen sich doch einen sonderbaren Begriff
von dem Leben der „Vornehmen" zu machen;
ich kenne gar keine solche, wie Sie sie beschreiben
und habe doch eine recht ausgedehnte Verwandt=
schaft, Vettern die schwere Menge, und Tanten
einen ganzen Haufen, junge und alte!

Verzeihen Sie — o bitte, verzeihen Sie meine
große Unbescheidenheit und zeichnen Sie mich mit
einer Antwort aus!

Ihre ergebene
Ulrike zu Horst=Rauchenstein
— nicht „von und zu," das „von" wäre ein
Pleonasmus.

Der dumme Gothaer Kalender ist ein Spaß=
verderber.

Loreley!

Es giebt doch in allem Unglück immer Ein Glück, — sagt einer meiner Götter, die Volksweisheit, die, unter uns gesagt, meistens überschätzt wird. Mein Glück liegt in dem Umstand, daß meine Durchlaucht 19 Jahre zählt, — ich hab's mit Grausen und Zähnklappern gedruckt gesehen, ehe der Horaz-Brief kam! — und gar nicht verstanden hat, was ich ihr für Gräßlichkeiten zugemuthet. Sonst hätte ich wahrhaftig, da die alte Erde der Menschheit, troß allen Zuredens, seit Generationen nicht den Gefallen thut, sie in kritischen Augenblicken zu verschlingen, heute die schwarzberänderte Anzeige meines Ablebens nach Schloß Rauchenstein senden müssen; obgleich selbst Sie gestehen werden, daß es einem im Laster des Socialismus und des Utilitätsprincips ergrauten Professor schlecht angestanden hätte, um ein Fürstenkind in die schwarze Tunke zu steigen. Außerdem ist der Ryck gefroren und meine schlotternden Beine hätten mich nicht bis zur offenen See getragen. So lebe das Utilitätsprincip! Jedoch, was nutzen Sie mir? Wäre ich noch Historiker und wollte Ihnen die Geheimnisse des Rheinbundes entlocken, um nachher ein Buch „nach ungedruckten Quellen" zu schreiben; oder wäre ich Romandichter, der über die Geheimnisse alter Schlösser schwätzt und dabei auf den goldbraunen Mädchenkopf stößt. Goldbraun? Wirklich goldbraun? Herr Gott, hätte es die Nüance in meiner Jugend gegeben, so hätte meine Alte. — ein rechtschaffenes Eheweib, die mit ihrem Gatten ihr Seidel trinkt und seine Studenten bemuttert, — sich vielleicht dazu entschlossen, mir ein Töchterchen zu schenken. Wenn der Friseur das nächste Mal kommt, fällt vielleicht eine Locke ab? Einer meiner Collegen schreibt „über das menschliche

Haar", da wäre es doch im Interesse der Wissenschaft, wenn er „Fürstenhaar" mikroskopisch unter-
suchen und in einem Anhang besprechen könnte!
Ein so gelehrtes Kind, das mit Latein schon aufgepäppelt wurde, versteht ja, daß „die Wissenschaft"
etwas Ernstes ist. Der fürstliche Vater steckt
vielleicht noch etwas in den Vorurtheilen des
vorigen Jahrhunderts, — man braucht ihn ja
nicht zu konsultiren. Sie fragen ihn doch auch
nicht jedesmal ehe Sie niesen um Erlaubniß?
Ihre übrige Schönheit geht mich nichts an, da
sie noch nicht antikisirt, also noch nicht spruch-
reif ist!!

Da der „Nutzen", wie Sie vernommen, mein
Gott ist, will ich Ihnen auch von seinen Seg-
nungen zukommen lassen in einigen Rathschlägen:

Also, vor allen Dingen, beharren Sie in
Ihrer Abneigung gegen junge Männer. Ich kenne
sie! Ich war einmal Gouverneur eines wilden
Rangen, der bis auf den Rauchenstein geklettert
wäre, sogar im Gewitter! Uebrigens „ad" Gewitter! Nehmen Sie sich vor Gewitter in Acht,
wenn Sie mit ihren Vettern durch den Wald
jagen, da schlägt so ein Blitz dicht vor Einem ein;

man fliegt in die beschützenden Arme . . . . ein
reiner horreur überfällt mich, denke ich an so
etwas. Kein Mann, nicht der beste, — der so
in der Gegend des großen Marktes, dem Rath=
haus gegenüber in einer nordischen Universitäts=
stadt sitzt, ist werth, daß Ihr Herzchen einen Schlag
mehr um ihn hämmert! Ferner, behalten Sie
den Herrn Papa recht lieb; das gehört sich so;
sogar ich, der die eigene Familie für den Erb=
feind des Menschen erklärt habe, würde Ihren
Herrn Vater gewiß lieb haben. (Il s'en moque
bien!) Aber seien Sie nicht zu zärtlich. Zärt=
lichkeit hat ja mit der Liebe nichts zu thun, es ist
männlicher nie zu küssen. Und Sie sind ja ein
männlicher Charakter, das sehe ich von hier aus,
und wenn Sie so fortfahren, thut der liebe Gott
vielleicht ein Wunder und Sie wachen eines
Morgens als Knabe auf. Die Haare sind doch
hoffentlich nicht zu lang dazu? Halten Sie sie
immer hübsch kurz, damit sie im entscheidenden
Augenblick beim lieben Gott nicht in die Waag=
schale gegen Sie fallen! Daß die Augen manch=
mal schwarz aussehen, beweist mir, daß ein alter
Foliant, den ich neulich mit Kopfschütteln bei

Seite legte — Sie glauben doch an alte Folian-
ten, wenn sie noch älter als Schloß Rauchenstein
sind!? — doch klüger war als ich. Er sagte,
blaue Augen — Gott, was sähe ich Ihre blauen
Augen gern, aber ich werde natürlich in die Grube
fahren, ehe ꝛc. — also blaue Augen, die in's
Schwarze gehen könnten, kämen nur Männern zu!
Und wenn Sie erst glücklich metamorphosirt sind,
Herr Ulrich, dann ziehen Sie auf die 'häßlichste
aller Universitäten — Papa kann ja mitkommen,
den bringen wir drüben auf Schloß Putbus
„standesgemäß“ unter. Eins meiner Güter liegt auf
Rügen, wo der Herthasee ist — das würde dem
Herzchen gefallen, dort im Mondenschein an den
blutigen Opfersteinen zu tanzen! — wo die Buchen
in dem Kalkfels wurzeln und mit dem Meere, in
das sie schauen, um die Wette rauschen. Doch so
schön, wie bei Ihnen, ist es hier nicht; bis Him=
melfahrt trägt man z. B. den Pelz und zu Johanni
zieht man ihn wieder an! In den Ferien nehmen
Sie mich als Repetitor mit auf ihr Schloß, —
Sie müssen aber langsam reisen, ich bin wadlig.
Ich kenne übrigens die Sorte Epheu, von der
Sie schreiben, nicht, vielleicht bereichern Sie

mein Herbarium? Oder bin ich zu unver=
schämt?

Heute Abend halte ich im Bukow'schen Saale
eine Vorlesung (vor gemischtem Publikum) über
den Praxiteles so viel wir von ihm wissen. Darf
ich Ihre Meinung, er sei „ein guter Mensch“ ge=
wesen, einflechten, ohne den Autor zu citiren?
Den Homer im Urtext lesen wir beide, wenn Sie
auf die Universität ziehen! Wer hätte einer
Prinzeß zugetraut, daß Sie an den reinen Quellen
der Menschheit trinken könnte! Sie kommen dann
in mein Eckzimmer, dessen Fenster den Schieß=
scharten gleichen, — es muß Wallenstein'scher Ge=
schmack sein, — im Uebrigen ist es meinem
Plebejerthum entsprechend eingerichtet; für den
jungen Ulrich borgen wir uns einen Lehnstuhl.

Jetzt muß ich aber schließen, meine Alte
klopft schon, es sei angespannt. Der Bukow'sche
Saal liegt nämlich vor dem Steinbeckerthor; wage
ich mich zu Fuß in die Gegend, profitirt der
Wind, der mich für eine Vogelscheuche ansehen
mag, von meinen Gedanken, die er nach Süden
segt, — so Süd=West.

War ich dumm, aus ihrem vorletzten Briefe

nicht zu ersehen, daß Sie ein Mägdelein: die einzige „Möglichkeit" von der Sie nicht sprachen, war eben die Wahrheit. Na, meine liebe Kleine, da weiße Haare jedem gottesfürchtigen Kinde Ehrfurcht einflößen, übe Gnade an dem alten Sünder und erhelle bald seiner Niedrigkeit Nacht durch einen Deiner goldigen (es war doch wirklich goldbraun, die Farbe meiner Träume?) Deiner goldigen Sonnenstrahlen.

Bruno Hallmuth.

Ich bin keine Loreley und habe noch Keinen
gemordet, und was noch merkwürdiger ist, ich bin
gar nicht gefährlich! Bei mir ist alles zu wild,
zu unbändig, und das gefällt den Männern nicht.
Wenn ich zärtlich werde, so thue ich weh und
man weist mich mit dem Ausruf ab: Nur nicht so
vehement! — Uebrigens passirt mir das nicht oft.
Was giebt es z. B. auf der Welt Unangenehmeres,
als Jemand, der Einem die Hand festhält beim
Sprechen? Es wird Einem ordentlich Angst dabei;
es ist wie eine Beeinträchtigung der persönlichen
Freiheit. Nicht einmal angesehen ist man gern;
man liest eine Kritik in jedem Blick und fürchtet
auffallend zu sein. Ich kann ganz flott sprechen,
wenn ich neben dem Andern durch den Wald

streiche, und wir uns gar nicht ansehn; aber im
Salon, Auge in Auge, sagt man jeden Augenblick
eine Dummheit. Da sind mir die Blitze doch viel
lieber. Sowie ich donnern höre, besonders bei
Nacht, reiße ich das Fenster auf und sehe den
Blitzen zu. Das ist prachtvoll, die Berge, der
Wald, die Lahn taghell und dann wieder schwarze
Nacht. Das ist doch viel schöner, als der ein-
fältige Mondschein, der weder warm macht, noch
hell. D. h den Mondschein ist doch schön, im
tiefen Schnee, wenn die Hasen herauskommen und
spielen, und manchmal auch im Herbst; dann
müssen aber die Hirsche schreien. Das hat etwas
Markerschütterndes, Dämonisches, das dem Mondschein selbst Gewalt verleiht.

Pfui über Ihr Utilitätsprincip! Wo ist der
Nutzen vom Blitzen und vom Hirschgeschreien, und
was giebt es Schöneres!

In die Arme eines Vetters stürzen, Ihres
Rangen, den Sie so schlecht erzogen haben? Ich?
ich glaube, wenn ich ein Bein bräche, so würde
ich auf dem Anderen davonspringen, nur damit
mir Niemand hilft. Aber wenn Gott redet, mich
zu Menschen wenden — quod non! Das Meer

ist auch eine Stimme Gottes und biblisch in seiner
Größe und Einfachheit. Das möchte ich gern
sehen. Man muß ein Stück Schöpfungsgeschichte
erleben, wenn man Tag und Nacht, ohne ein
Wort zu reden, auf einem Felsen liegt und die
Fluth heranstürmen sieht. Haben Sie das manchmal gethan? Sie haben doch das Titanische gern
und sprechen von meinem Friseur und von meinen
Haaren die noch kein Mensch angerührt hat,
außer mir! Hätte Ihr Buch mich nicht so un-
menschlich erfreut, so könnte ich Ihnen beinahe
böse sein. Aber es ist meine Schuld; was brauchte
ich auch von meiner Person zu sprechen Es
konnte Sie ja gar nicht interessiren, und ich verdiene ausgelacht zu werden.

Mein Vater findet es so wie so ganz schrecklich unbescheiden, daß ich Ihnen schreibe und sagt,
ich raube Ihre kostbare Zeit. Da sagte ich ihm
aber, Sie wünschen sich eine Tochter, so wie ich
bin. Er lachte und meinte, Sie kennten mich
nicht, sonst würden Sie das nicht sagen. Wir
hoffen Beide sehr, Sie recht bald kennen zu lernen.
Vielleicht besuchen Sie uns in den Ferien. Wir
haben viel gelehrten Besuch, von Wetzlar und

Gießen, und der Bischof von Limburg kommt auch oft und dann sind ganz schreckliche Diskussionen zwischen den Frommen und den Freigeistern, oft mehr Spektakel, als wenn wir zu den Jagden fünfzig Gäste im Hause haben. Auf Universität zöge ich gern, aber nach Bonn und Heidelberg, wo man sich studirenshalber aufhält, und wo die großen Chemiker und Physiker sind. Zu denen ginge ich ohne Unterlaß, sonst aber hinaus, hinaus und sänge, Edite, Bibite, Gaudeamus etc.! Nach Rügen ginge ich vielleicht noch lieber, wegen der heidnischen Erinnerungen.

Giebt es dort wunderschöne Sagen? Vielleicht auch Gespenstergeschichten? Wir führen hier oft welche auf, aber wir glauben uns gegenseitig nicht mehr, und da dauert das Gruseln keine halbe Sekunde! Mein Vater hat es nicht sehr gern, muß aber immer lachen.

Ich soll Ihnen Epheu schicken? Nein, mein Herr Professor! Das sieht aus wie sentimentales Heu, das man in's Gesangbuch legt. Kommen Sie und pflücken Sie es selbst. Es wächst auch auf Rügen; aber ein gelehrter Herr sieht so etwas nicht: es hat keine Geschichte und keine künstlerische

Form; es ist nur vom lieben Gott gemacht, und das ist gar nicht interessant für Sie.

Ihre Vorlesung hätte ich gern gehört, noch lieber aber eine in Ihrem Eckzimmer. Einen Sessel brauche ich nicht. Ich bin an Holzstühle, sowie an trocknes Schwarzbrod gewöhnt und hasse alle Verweichlichung. Wir sind aus Kernholz geschnitten, haben stramme Glieder und starke Zähne, und Müdigkeit ist eine Schande; dieses Wort schreibt man bei uns FAUL. Ich würde mir eher die Zunge abbeißen, als sagen: Ich bin müde!

Mein Vater sagt: „In der Ewigkeit werde ich ruhen, auf Erden nicht!" Er kennt keine Ruhe, und doch ist seine hohe Gestalt noch so aufrecht, so elastisch sein Gang, als stünde er am Anfang, nicht am Ende seines Lebens. Sie würden ihn vergöttern! Es ist so milde gegen Andersdenkende und sagt, Widerspruch sei gegen alle Gastfreundschaft. Und ich habe immer zuerst einen Widerspruch auf der Zunge!

Ihr poetischer Schluß gefällt mir nicht; er war geborgt, und ich hab's gemerkt. Bitte um eignes Gewächs!

Ulrike zu Horst-Rauchenstein.

Greifswald, den 13. März 1863.

Durchlauchtigste Prinzessin,

Ihr allzugütiger Brief ist mir „geworden", wie die Kaufleute und wir anderen Krämer sagen, und ich bin wirklich gar zu beschämt, daß sogar Se. Durchlaucht, Ihr gnädiger Vater, Sich „freuen" würde, mich „kennen zu lernen". Solch ein Wort ist ja auch wie eine Art Orden, nach welchen ich bekanntermaßen jammere, und wird mit dem Bewußtsein der Herablassung, die es enthält, geäußert. Ich bin wirklich, aber wirklich beglückt durch so große Beweise von Huld aus Ihrer Feder! Vielleicht verstehen Sie nicht, wie gerade aus Ihrer Feder solche Worte mir eindringlich

sein müssen? Es liegt natürlich in der Handschrift. —

Die schöne Tradition der Höfe, Künstler und
Gelehrte um sich zu sammeln, führen Sie also
fort. Und es finden sich auch im jetzigen Jahr-
zehnt noch Männer von Namen und in Würden,
— aber, erlauben Sie mir einzuschalten, nicht von
Werth! — die so ehrendem Rufe folgen, welche die
eigene, oft göttliche Individualität dem Zwang
der Etiquette opfern. Weh über die Menschheit!
Sie verdient es, so namenlosem Leid zu verfallen,
sie ist noch nicht würdig, frei und glücklich zu sein.

Was mich anbelangt, hohe Herrin, so bin ich
leider in den Osterferien in Rom erwartet, für
die großen Sommer- und Herbstferien in London
und Manchester, und bis Weihnachten wird Ihnen
die Lust, mich „kennen zu lernen", vergangen sein.
Im Uebrigen wissen Sie ja schon zur Genüge, daß
ein Fürstenwunsch mir Befehl Gottes ist.

Mir wird es schwer, auf andere Punkte
Ihres niedlichen Geplauders einzugehen, ich bin
ja nicht wie Sie aus der „großen Welt", wo man
lieblich lächelnd seinem Nachbar erzählt, im Bewußtsein, wie gut Einem das Mitleid in den

Brauen steht: „In der Zeitung las ich heute, ein Schriftsteller hätte aus Nahrungssorgen sich, seine Frau und vier Kinder umgebracht. Ist das nicht schrecklich?" „Ach, meine Gnädige," antwortet der Nachbar, „solche Leute tragen immer selbst die Schuld an ihrem Unglück! Wozu hat ein armer Mensch auch vier Kinder?"

„Das ist wahr. Aber die vier bammelnden Menschen müssen doch gräßlich ausgesehen haben?" „Gräßlich; aber nehmen Sie nicht einen Bonbon? Wie hübsch Louise's Toilette reüssirt hat!"

Daß Sie noch Keinen „gemordet" haben, finde ich recht anerkennenswerth für Ihr Geschlecht und Ihren Stand. Denn, wenn ich nicht irre, waren Sie so gnädig, mir zu enthüllen, daß das goldene Licht vor 19 Jahren zuerst die Ehre hatte, Sie zu bescheinen. 19 Jahre und noch nichts zum Schaden des Mitmenschen gethan, — das ist eigentlich mehr, als ein Fürstenkind verantworten kann.

Den „Rangen", den ich erzogen, der bin ich selbst; anderer Leute Kinder hätten mich zu sehr gedauert, um sie in meine Hände zu nehmen.

An der Erziehungsmethode, die ich meinem Pflegling angedeihen ließ, würde Ihre bebrillte

Ehrendame und Ihr bartloser Erzieher Manches auszusetzen haben. Auch Sie selbst, in Ihrer gnädigsten Laune, die „gnädigste" ist wohl dann, wenn es blitzt und donnert, daß Ihre alten Eichen krachend in Stücke zersplittern? Ja, die Wollust des Zerstörens, — in der könnten wir uns vielleicht treffen; ich möchte Ein Gebilde hier in meinen beiden Händen haben, um es zu zerpflücken, doch genug! Ich fing damit an, meinem Zögling zu sagen: „Es ist nichts, Alles ist Unsinn!" Wenn man das recht oft sagt, glaubt's das arme, junge Blut, und vom Herrgott bis zum Regenwurm, — die ich immer besonders gern in der Hand hielt, weil Anderen davor ekelt — ward Alles ein Unsinn. Na, darunter litt dann die höfische Er= ziehung etwas, Prinzeßchen! Ich fürchte meine Haltung und meine Verbeugung sind nicht ganz salonfähig, — auch werde ich sie Ihren kritischen Blicken nicht aussetzen. An Körpergröße übrigens könnte ich es am Ende mit Ihrem Fürstengeschlech, noch aufnehmen, doch, was interessirt Sie das Weiber waren mir, was Anderen Regenwürmer sind; nur einmal, auf der griechischen Pilgerfahrt, habe ich ein Mädchen gesehen, dem ich wohl die

Hand hätte reichen mögen. Sie trug aber nicht
Schuh und Strümpfe, sondern einen schönen, hohen
Krug auf dem Kopf, watete durch den heißen
Sand und verschwand an meinem Horizont. Drum
verstehe ich wohl, daß Sie nicht mögen, wenn
man ihre Hand lange hält. Machen Sie es wie
ich, bei mir wagt es Niemand.

Von Rügen, den Sagen und Gespenstern
möchte die Kleine im hohen Schloß etwas wissen?
Ich glaube, wenn Sie keine Hochgeborene wären,
hätten Sie fast ein Herz! Aber ich bin arg ent=
täuscht, ernüchtert durch ihren letzten Brief: viel=
leicht weil ich alter Thor ihn so heiß ersehnte
daß ich ihn einen ganzen Tag auf Eis legte, ehe
ich ihn erbrach. Was soll ich Ihnen erzählen?
Sie würden mich ja doch nicht verstehen, wie ich
Sie nicht, und damit basta. Oder ist Ihnen „basta“
auch zu poetisch, weil es der süßen Sprache des
si entlehnt?

Dr. B. Hallmuth.

Mein Brief hat Sie ernüchtert, erkältet, bis
zum Gefrierpunkt, mein verehrter Herr Professor?
Das hat mir viel zu denken gegeben. Ich wollte
das Warum ergründen, und als echtes, deutsches
Mädchen habe ich meine Gedanken in den Wald
getragen, in dessen Moos es sich schon gewaltig
zu regen beginnt, von Anemonen und Veilchen
und allerhand kleinen Kräutern, die wunderbar
stark riechen. Und ein leiser Frühlingswind zog
durch die rothen, schwellenden Knospen und hat
mir Manches erzählt. Ich glaube, Sie haben
länger die Maske vorbehalten als ich. Sie haben

weder graue Haare, noch eine Alte. Ihnen sind
die Weiber, was Andern Regenwürmer, und Sie
haben in Ihrem Leben überhaupt nur Eine gesehen, ein baarfüßig Griechenmädchen?

Ei, mein Herr Professor, Utilitarier, Moralist,
Pädagoge, Volksbeglücker — warum haben Sie
denn dann geheirathet? Das ist doch unschicklich,
von Einer, der Einzig Einen zu sprechen, wenn
man eine Frau hat. Und nur einem Junggesellen
sind die Frauen Regenwürmer. Das Joch der
Ehe ist doch meistens so gut wattirt, aber dabei
so ungeheuer fest, daß es kein Entweichen giebt,
nicht einmal in Gedanken — ich meine, Andern
gegenüber, nun gar einer Fremden und am aller-
meisten einem jungen Mädchen gegenüber! Sie
müssen doch so sehr darauf bedacht sein, mir eine
gute Meinung von sich einzuflößen, daß Sie sich
unmöglich selbst als flatterhaft darstellen können.
Denn Sie wissen wohl, daß mir in meiner hahne-
büchenen Welt das nicht gefallen könnte. Nein,
Sie sind jung, denn in einigen Monaten befinden
Sie sich in Rom und in Manchester und arbeiten
tüchtig dazwischen und vielleicht noch währenddem.
Nun aber nehmen Sie sich in Acht, wenn Sie in

meinen Augen noch den Rang einnehmen wollen, den ich Ihnen zuerkannt!

Ich weiß wohl, was Sie zerpflücken möchten! Meinen lieben Gott wollen Sie zerpflücken, in den ich so großes Vertrauen habe und dessen Weltordnung ich nicht so schlecht finde, wie Sie. Versuchen Sie's, wenn Sie können.

Sie wollen meinen Stand zerflücken, weil Sie ihn für unnütz und sogar für schädlich halten. Ich werde ihn vertheidigen. Meine Freude am Dasein wollen Sie zerpflücken, aber nicht, weil Sie Ihr Dasein nicht genießen, o nein, nur weil es Sie ärgert, daß ich mich freuen kann, so lange es noch Menschen giebt, die verhungern. Wir wollen sehen, wer von uns Beiden mehr Brüder gerettet hat. Oder wollen Sie von der weiteren christlichen Familie ebenso wenig wissen wie von der engeren? Mit dem Zerstörungstrieb ist es bei mir nicht so gefährlich bestellt, wie Sie voraussetzen. Wahrscheinlich ist mir das conservative Princip in succum et sanguinem übergegangen Ich habe nie eine Puppe zerbrochen, kleine Gläser aus frühester Kindheit aufbewahrt, kann kaum Blumen pflücken, weil ich ihnen nicht wehe thun

will und sie nicht welken sehen vor den Andern.
Nein, nicht einmal um mein Haar zu schmücken,
das übrigens lang ist und sich in ein großes Netz
einfangen lassen muß, nicht kurz geschoren, keine
Brille und pince-nez, nein, gar nichts Emanci-
pirtes ist an mir.

Man hat mir einmal ein Dompfäffchen geschenkt; ich kann aber keinen Vogel im Käfig sehen
und das Thier pfiff das Mantellied, daß Gott
erbarm! Der freie, schöne Vogel! Das war so
gräßlich, daß ich ihn am zweiten Tage zurückgab.
Ich habe ja eine ganze Volière voll im Walde
die Alle an mein Fenster kommen und bei mir
ein= und ausfliegen. So ist mein Zerstörungs=
sinn. Wie schlecht man sich doch aus der Ferne
einen Charakter zusammenbaut! Der liebe Gott
verfährt darin so genial, daß der weiseste Professor der Logik und Aesthetik daran zu Schanden
wird.

Da Sie unseres Hauses Knechtschaft fürchten,
müssen Sie es ja vermeiden. Es soll Ihnen nicht
so gehen, wie dem armen Buchfinken, der sich so
viel Mühe gab, mir sein schönstes Lied zu pfeifen
und mich so unglücklich machte. O mein Gott!

Nur frei, frei! Ich glaube, Sie mögen die Weiber nicht, und ich die Männer nicht, aus Todesangst vor der großen Knechtschaft, Ehe genannt. Wir wehren uns gegen das Unvermeidliche, gegen des Schicksals dunkle Wolken, die als Frühlings-gewitter am Horizonte aufsteigen.

Sie armer, ernüchterter Mann! Hat Ihnen der Rauchensteiner Ausbruch schon einen Katzen-jammer verursacht? Dann haben Sie einen schwachen Magen, denn das war doch noch kein rechter Rausch! Hier ist ein Veilchen, als Früh-lingsgruß in Ihren Schnee.

Ulrike zu Horst-Rauchenstein.

Lichte Veilchenspenderin!

„Gott sandte dem Noah den Regenbogen zum Zeichen des Friedens," so sprach die schöne, blonde Mutter, als ich, ein kleiner Knabe, Sonntags zu ihren Füßen aus der kleinen Bibelfiebel lernte. Der Ton und der Sinn entschwanden meinem Ohre, denn die Jahre zogen darüber. Aber plötzlich zerriß der Bann der zeitlichen Ferne: ich hielt ein erstes Frühlingszeichen, ein Veilchen in der Hand und vor meinem Auge verwandelte es sich in den Regenbogen, den Gott seinen auserwählten Menschen sandte. Wie sagten Sie in Ihrem ersten Briefe? „Die Statuen bekamen Leben, die Tempel

Aus zwei Welten.   4

erhoben und wölbten sich." Aber aus allen
Statuen erwuchs nur eine hehre Mädchenge-
stalt, und aus den Tempeln erhoben sich Felsen,
auf denen sich ein altes Schloß wölbte. Ich
danke Ihnen, Kind, für den Traum. Zwischen
ihm und der Wirklichkeit ist ein festes Band, auch
die Wirklichkeit ist Schein, selbst Ihr grünender
Wald ist nur farbloser Staub, der Einen Augenblick, durch die Macht Ihres Auges gebannt,
Form und Farbe annimmt, um wieder zu Staub
zu werden. Sie zerfiel zu Staub, die blonde
schlanke Mutter, und Du wirst zu Staub zerfallen,
und ich rase, weil ich das Warum nicht finde.
Nur Dich, wenn ich nur Dich bewahren könnte
vor dem Geschick der Menschen, — ich söhnte
mich mit der Welt aus. O, daß Du auch „sein"
mußtest, denn Sein bedingt „Nichtsein". Doch
Dir, Du lichtes Fürstenkind, will ich nichts mehr
zerpflücken. Die Menschen verstanden den Sinn
des Regenbogens nur einseitig: sie ließen dem lieben
Gott keinen Frieden. Mit Menschenfürwitz rüt-
telten sie an der Wolkenfeste. Aber ich bin kein
fürwitziger Mann, meine Burggräfin, ich verstehe
den Doppelsinn des Frühlingszeichens und grabe

die unübersteigbare Kluft zwischen dort und hier. Sie ist trotz allen Rüttelns stets zwischen Himmel und Erde geblieben. Würde die Erde einmal zum Himmel, dann nahte ich Ihnen und erbäte mir den Kranz, statt der Einen Blume, aus Ihrer Hand, aber das wird nimmer, es giebt zwei Welten

Ob ich alt oder jung an Jahren kann ich wirklich nicht wissen, — ich habe schon lange meinen Geburtstag nicht gefeiert, und habe weder Eltern noch Geschwister, an denen ich mich messen könnte. Alt an Gedanken bin ich, das genügt mir, und eine Alte habe ich auch; sie heißt Miene, war meine Amme und ist meine Haushälterin. Sie ist das treue Eheweib eines Pedell und führt das Motto: Sehr dumm und sehr ergeben.

Es kann Sie nicht interessiren, sonst hätte ich es der klugen Mädchenstirn schon lange anvertraut, warum ich nicht mehr der bin, der jenes Buch schrieb. Wenn der Mann dem Genießen entsagt, des Erkennens wegen, dann wird er alt. Kann eine Maid verstehen, daß ein Mann mit dem heißen Entzücken an dem Bestehenden allmälig zu der Ueberzeugung kommt: „es muß zerstört werden, wie der Christenglaube einst die schöne ‚alte

4*

Welt' zerstörte?" Hatte man Ihnen als Kind auch gesagt: „mit jedem Unrecht, das Du thust, wirst Du mitschuldig am Kreuzestod Christi?". Mich hat dieser Gedanke bis zu Fieberschauern in meiner Kindheit gebracht. Jetzt fühle ich ihn unter neuer Form: „mit jedem Glück, das Du ge= nießest, verkürzest Du einen Nebenmenschen."

Doch wozu die freie Luft Ihres Waldes mit dem Bücherstaub meines Hauses verdicken! Wir modernen Propheten nämlich gehen nicht auf einen Berg und reden zu unserer Gemeinde, — mir wäre das auch lieber — wir studieren erst Na= tional=Oekonomie, Statistik, all die dicken, trocknen Werke, dann, — wenn wir uns den kleinen, eige= nen Gedanken ganz mit den Anderen durchtränkt und verwässert, — dann, — doch horchen Sie lieber auf den Vogelsang! Der gefangene Buch= fink, dem öffneten Sie den Käfig? Und er kam freiwillig wieder in Ihr Zimmer!

Lesen Sie einmal in der Bibel die Geschichte vom Fischzug Petri und dann gehen Sie in sich und tragen kein so engmaschiges Netz, daß Keiner bei der Menschenfischerei entkommt!

Gestern war hier wegen des königlichen Ge=

burtstags Fackelzug und Commers. Die guten
Jungen, die Studenten, zeichnen mich bei solchen
Gelegenheiten immer aus, — wahrscheinlich weil
ich gute Weine zum Besten gebe!! Als sie Gau-
deamus sangen, durchzuckte es mich Mir war,
als hätte ich das Wort kürzlich in „goldenen'
Lettern irgendwo gelesen, in irgend einem alten
MS. Ich halte meine Manuskripte aber gern
unberührt von der zersetzenden, salzigen Luft der
Küste.

Uebrigens, wir haben hier ein herrliches che-
misches Laboratorium. Ich hospitirte neulich einmal bei einer Vorlesung — in Ulrich's Interesse.
Diese Physiker und Chemiker haben es gut, sie
brauchen nur zu zergliedern und zersetzen. Un-
sereins muß vor Allem wieder aufbauen, wenn
er niedergerissen.

Darum hütet er sich vor dem Niederreißen,
wo er nichts ersetzen kann!

Ew. Durchlaucht ergebenster Diener

B Hallmuth.

Etwas so Unscheinbares und Ungreifbares wie
der Duft eines todten Veilchens baute den Friedens-
regenbogen von mir zu Ihnen, mein verehrter
Professor? Und von Ihnen zu mir schwebte etwas
noch Zarteres, noch Wesenloseres: ein Klang, das
Sesam, das wunderbare Zauberwort „Mutter"!
Alles, was ich von Schmerz und Weh und Sehnen gefühlt habe, faßt dieses eine Wort zusammen.
Mein trotzig Kinderherz, das sich vor Keinem
beugte, das der härtesten Strafe herausfordernd
begegnete, die Thränen erstickte, die Bitte um Verzeihung nicht vorbringen konnte, — es schmolz bei
dem einen Wort! Man kann es nicht ohne Gefahr aussprechen; es weckt Gewalten, die sich

selbst nicht kennen und nicht wieder zur Ruhe
kommen. Die fremde, todte Mutter, von der ich
mir nichts, gar nichts mehr erinnere, als ihre
letzten Athemzüge, ihre erkaltende Hand, die schwer
wie Blei auf meinen Locken lag und ihre geflüster-
ten Worte: „Treue! Pflicht!" Und dann war sie
still und ihr Mund bewegte sich nicht mehr und
die Augen wollten gar nicht zu bleiben, sondern
gingen immer wieder auf und sahen mich an.
Viele Monate wachte ich Nachts, erschrocken von
diesen Augen, auf, und dann weinte ich ganz
heimlich auf mein kleines Kissen. Mit meinem
Vater durfte ich niemals von ihr sprechen; nur
eine Person habe ich im Hause, mit der ich über
sie reden kann. Das ist die alte, blinde Kammerfrau meiner Mutter, die ihre Kinderfrau gewesen
war und sie nie verlassen, bis an den Tod. Die
sagt, auf der ganzen Erde sei kein solcher Engel
mehr! Sie hat mich doch auch lieb, aber anders,
nicht so, wie man einen Verstorbenen lieb hat.
Sie ist sehr klug und hat viel gesehen, und wenn
ich nur immer ihren Rath befolgte, so würde ich
nicht halb so viele Dummheiten machen. Ich habe
sie oft gefragt, was ich thun müßte, um so zu

sein, wie meine Mutter. „O Kind! da fehlt noch viel!" sagt sie dann.

Meine Großtante denkt nicht ganz so. Sie ist aber auch gar zu alt und hat mich schon darum lieber, weil ich ein Rauchensteiner Kind bin, wenn auch leider nur ein Mädchen.

Mein Vater hat nie wieder heirathen wollen, obgleich ihn meine Großonkels bis heute damit quälen, er sei dem Hause schuldig, ihm einen Stammhalter zu schenken. Meine Großtante sagt, es sei ein schlechtes Zeichen, wenn ein Mann nicht wieder heirathen wolle. Das beweise, daß er das erste Mal nicht glücklich war. Ich kann nicht sagen, daß ich mir so ungeheuer eine Stief- mutter wünsche, dafür aber einen Bruder! Von einer Schwester habe ich eine weniger vortheil- hafte Idee, die zanken sich so oft. Meine beiden Tanten, die Schwestern meines Vaters, sind oft recht böse aufeinander, und dann muß ich Schieds- richter sein, was sehr komisch ist, da ich doch so jung bin. Ueberhaupt werde ich immer gerufen, wenn eine Uhr nicht geht, wenn ein Mops krank ist, wenn Porzellan zerbricht, oder eine schwierige neue Arbeit kommt. Ich möchte eigentlich wissen,

wie dieses Haus ohne mich gehen würde, eine so
ungeheuer wichtige Person bin ich. Nicht wahr,
das hätten Sie gar nicht gedacht, ich kam Ihnen
nicht so imposant vor? Darum behandelten Sie
mich auch ein ganz klein wenig von Oben herab,
mein vielwerther Herr Professor Doctor Hallmuth!
Und ich habe nicht gleich geschrien: „Halt! meine
Person ist heilig! Auf mir ruht das Wohl und
Wehe eines ganzen Staates!" Finden Sie das
nicht anerkennenswerth? — — — —

O Himmel! Die Wonne! Die Freude! Das
Glück! Eben ließ mich mein Vater rufen zum
Spazierengehen und da sagte er mir: „Zu Pfing=
sten gehen wir zum Musikfest nach Cöln!" Ich
sprang so hoch wie ich bin, wie toll und um mich
selber, wie ein junger Jagdhund, und ihm um den
Hals, so daß er schrie: „Herr Gott! ich bin von
Fleisch und Blut! ich bin nicht von Eisen! Du
zerbrichst mir ja alle Knochen! Sei doch ver=
nünftig! Der Wald ist durchsichtig, und es könnten
dort Leute gehen!" Da rannte ich zwanzigmal
Rechts und Links, alle Hügel herauf und hin=
unter und die Hunde mir nach und bellten und
schrien und zerrissen mein Kleid und trugen mir

Hut und Netz davon, so daß ich mit fliegender
Mähne nachjauste und Beides in kläglichem Zu=
stande wieder eroberte. Dann war ich auf ein=
mal so müde, wie todt. Ich konnte nicht mehr
stehen und setzte mich auf eine Moosbank, an
einen Baum gelehnt, wo ich einschlief; nur zwei
Minuten, aber ich schlief doch. Denn ich träumte
ich schwämme im Meer, und jeder Wassertropfen
hatte einen Ton, so daß es eine ungeheure Sym=
phonie wurde, so überwältigend schön, daß ich zu
schwimmen vergaß und anfing zu sinken. In dem
Augenblick kam ein brennender Kahn angefahren;
darin stand ein Mann, der sah aus, wie der
Hermes; sein schwarzes Haar leuchtete in der
Gluth und seine dunklen Augen blitzten. Er streckte
die Hand aus und zog mich zu sich in den bren=
nenden Kahn und fuhr mit mir davon. Ich schrie:
„Mein Vater!“ der stand am Ufer und kehrte sich
von mir ab und mit Todesangst erwachte ich,
denn des Hundes kalte Nase stieß meine Hand in
die Höhe. Der Skandal! Ich schämte mich furcht=
bar. Vor mir stand mein Vater und sah mich
ganz ernst und sorgenvoll an, und ich konnte
während des ganzen Spazierganges die Falten

nicht mehr von der lieben Stirn schwätzen. Er
sah meine Beschämung und meine Noth und daß
ich das Wort Cöln, ja sogar Musik nicht mehr
in den Mund nahm; ich fürchtete mich ordentlich
davor, als könnte ich mich daran verbrennen.
Deßhalb bekam ich auch gar keine Strafpredigt,
nicht ein Sterbenswort, und das war gut. Straf-
predigten verhärten mir immer das Herz und
nehmen alle Freude fort. Wenn ich sie mir aber
ganz allein halte, so sind sie ebenso eindringlich,
und ich kann mich nicht dagegen auflehnen, weil
ich es selber bin. Und dann bin ich auch viel
gerechter, wenn auch streng, während andere Leute
nicht in mein Herz sehen können und mich oft
tief kränken, indem sie mir allerhand Absichten
aufbürden und Gedanken andichten, die ich gar
nicht gehabt. Sie sagen auch immer: „Immer!"
und das ist auch nicht wahr und sehr übertrieben;
denn man ist gar nichts immer! Man ändert sich
jede Stunde, ich meine, nicht die Grundsätze, aber
die Gedanken wechseln, die Oben aufschwimmen.
Mit den Grundsätzen ist es auch gar zu schlimm,
gerade weil sie so felsenfest sind. Jeder hat seine
und findet sie gut und heilig und würde sich selbst

verachten, wenn er sie aufgäbe, und daher entsteht
soviel unnützer Streit und Lärm in der Welt.
Man sollte nie von Grundsätzen sprechen, die sich
doch nicht ändern, sondern nur von den wechseln-
den Gedanken.

Sie sagen: Alles ist Schein und Alles vergeht und Sein und Nichtsein ist gleichbedeutend.
Das glaube ich nicht, d. h. vorausgesetzt, daß wir
uns nicht an den Welten messen und die Welten
an noch größeren Welten, sondern daß wir von
uns selber und unserm eigenen Erleben reden.
Ich meine es vergeht gar nichts; das Einzige, das
ewig ist, ist die Erinnerung, und so wie sie sich
in das Gehirn eingegraben, so bleibt sie für ewige
Zeiten, also 80, 90 Jahre, so lange wir leben und
selbst dann noch lebt es fort in der zweiten,
dritten Generation, als etwas Erzähltes. Nein,
es vergeht gar nichts. Z. B. die Freude, diese
tödtlich starke Freude, die ich heute gefühlt, kann
nie wieder vergehen, selbst wenn ich niemals nach
Cöln komme. Ich habe von früh an gelernt, ohne
einen Seufzer Enttäuschungen zu ertragen Mein
Vater sagte dann: „Und die Vorfreude rechnest
Du nicht? War die denn gar nichts?“ Und da

fühlte ich, daß ich mich wochenlang gefreut hatte
und war dankbar. Ich lebe unter lauter alten
Leuten, die nicht viel von sich haben reden machen,
die still und zurückgezogen gelebt, 60, 70, 80, 84
Jahre! Aber ihr Leben war ihnen nicht nichts;
sie sehen darauf zurück wie auf etwas sehr Kost-
bares. Meine Großtante spricht immer mit ihren
Verstorbenen, als wären sie im Zimmer, und
Manche davon sind schon 50 Jahre todt. Sie
freut sich, zu sterben und freut sich auf's Wiedersehen, und ist dabei so heiter und zufrieden, wie
nur möglich. Die sollten Sie einmal erzählen
hören, von der französischen Revolution, von den
Kosacken und Franzosen, den Baiern und Preußen
den Sachsen und Polen, und es lebt Alles so, daß
man glaubt, man könnte die Menschen greifen, und
obgleich es mir vorkommen will, als wäre man zu
der Zeit viel leichtsinniger gewesen, so hat sich doch
Alles wie in Metall eingegraben, wie die Kanonen-
kugel in unsere Schloßtreppe. Darum sage ich,
für uns vergeht gar nichts, bis wir selber vergehen, und dann ist es ja gleichgültig!

Ihr Freund

Ulrich.

Greifswald, den 30. März 1863.

Ew Durchlaucht

zögern mit der Beantwortung meines letzten Briefes; gestern hätte ich Ihre Zeilen in Händen haben können, wenn Sie, wie im Anfang unserer Correspondenz, augenblicklich erwidert hätten. Mir beweist das Ausbleiben Ihrer Entgegnung vor Allem, daß es mir endlich gelungen ist, den scharfen Blick der weiblichen Augen zu umnebeln, daß ich Sie diesmal wirklich mystificirt habe Sie nahmen meine letzten Ergüsse also für baare Münze? Sie haben an das hohle Pathos geglaubt und mit der jedem Weibe inne wohnenden Grausamkeit spotten Sie über den „gefühlvollen Jüngling" und ist Ihr Interesse an dem Manne, den Sie nun glücklich gefangen, erloschen. Aber meine Gnädige, haben Sie denn überlesen, daß ich Ihnen jene trivialen Declamationen am Tage nach dem Commers schrieb? Haben Sie meine Phrasen wirklich für etwas Anderes als „Wein-Inspiration" halten können? Ich fühle mich geschmeichelt, daß ich Sie düpirt, ich bin stolz auf mein Verstellungsvermögen, — trotzdem duldete es mich heute früh nicht an dem Arbeitstisch, ich ging in den dichten Nebel hinaus, immer die Chaussee entlang, nach Eldena. In dem Krug am Anfange des Ortes fanden gerade einige Mensuren der Akademiker statt. Ich hätte hineingehen mögen, um etwas blaues Blut fließen zu sehen, — denn die landwirthschaftliche Akademie rekrutirt sich großentheils aus Ihren Standesgenossen. Aber der Nebel ließ mich nicht, er hing sich an mich, er hat mich so lieb, wie ich ihn: Er ist so schön farb- und gefühllos, macht leise frösteln, wie moderner Witz. Durch den Ruinengarten durch geht's über den Gutshof zum Strand. Meer und Nebel sind so Eins in dieser Jahreszeit, daß man sie gar nicht zu trennen versucht; ich brauchte „der See" also nicht nachzulaufen, ich sah sie überall, ohne daß sie da war. So blieb ich in

der Klosterruine; für einen sentimentalen Professor
ist sie wie gemacht: Unglücklich Liebende erschießen
sich dort, — es soll sogar im nebligen Norden
Liebe und Unglück vorkommen! — junge Pärchen
geben sich dort Rendez=vous, Eifersüchtige duelliren
sich um ihre kichernde Geliebte, — kurz, der
Ruinengarten ist durch die Macht des Gegensatzes
gerade wie für mich gemacht. Bänke sind nur in
der Sommerzeit dort an Ketten gelegt, — weise
Vorsicht gegen die studirenden Kinder — aber
ich stehe gern, wie alle Standesgenossen.

· Himmel, muß es schön gewesen sein, ehe der
brave Luther geboren wurde und den zweifelnden
Verstand als Kukuksei in die Klöster legte. Da
durfte man einfach Mönch werden, wenn Einem
die Beschaulichkeit zusagte, fühlte noch keine Pflicht,
die Einen über und aus sich selbst hinaus treibt.
Da gab es noch keine Fürstenkinder, die mit
Niedriggeborenen anbinden, um sie am Seil zu
führen. Oder doch? Vielleicht ist die Species
die allerälteste, und kraft ihres überkommenen
Rechtes entwickelt sie sich so herrlich über die
lachenden deutschen Gauen hinaus in die halb
slavischen Nebelländer?

Mich vertrieb der Gedanke wieder aus der Ruine, und ich ging zum Zuckerbäcker gegenüber. Kein zweiter backt so knusprige kleine Brezeln, aber was nutzen sie mir? Ich esse nichts Süßes und habe kein Töchterchen mit „gesunden, starken Zähnen", die sich ihrer freuen könnte.

Doch bin ich nicht darum an meine liebe, treue Arbeit zurückgekehrt, um Ihnen das zu sagen und Ihnen den Eldenaer Bäcker zum Hof= lieferanten zu empfehlen. (Ich wette, Sie dachten, es sollte darauf hinaus kommen!) Nein, meine gnädige Herrin, ich wollte Ihnen einfach sagen, daß ich fürchte, Ihnen nicht weiter schreiben zu können. Im Kloster habe ich's gelernt, — so bitte ich Sie annehmen zu wollen, — im Kloster fand es der Heide, der Atheist: „entsagen sollst Du, sollst entsagen."

Denken Sie nur, ich soll nicht mehr mit den Brosamen, die von Ihrem Tische fallen, gespeist werden! Es ist wirklich nicht auszudenken! Wie gut, daß es im Nebel entschwindet!

Ew. Durchlaucht
unterthänigster
Dr Hallmuth.

Herr Orakel!

Also Sie sind der Mann im Nebel, den ich als Kind immer zu erkennen suchte? Wenn man glaubt, er ist groß, dann ist er klein, und wenn man ihn am Boden sucht, so ist er mit einem Mal ein Riese. Es kommt nur darauf an, als was man ihn zuletzt sieht. Vielleicht ist er ein Hüne, ein Verserker, der gegen das Bestehende zu Felde zieht, wegen seiner greulichen Entartung und Gesunkenheit, vielleicht ist er ein Don Quixote, der mit Windmühlen kämpft und für eine einäugige Viehmagd schwärmt. Da in dieser Welt aber Alles Schein ist, und alles Bestehende gar

nicht vorhanden, so hat der Berserker recht, im
Nebel mit Nebeln zu fechten und Don Quixote
recht, seine Dame vom Dunghaufen zu holen.
Alles Schöne ist Illusion, Verblendung, Hirnge-
spinnst. Alles Große ist Wahnsinn. Das Erwachen ist ja doch ganz gleich bitter, denn der
Irrthum bleibt ein Ungeheuer, vor dem man sich
graut und vor dem man sich schämt, sich zu grauen.
Sie sind ein Mann, dann muß man Ihnen im
Egoismus immer zwei Züge vorgeben und Sie
zuletzt gewinnen lassen. Das ist Ihr Recht. Vor
lauter Angst, ich könnte Sie kränken, denken Sie
keine Sekunde darüber nach, ob Sie einen Anderen
vielleicht kränken. Das ist Ihnen außerdem auch
ganz gleichgültig, selbst wenn es geschieht. Der
Gekränkte ist ja von blauem Blute, mit Schmeiche-
leien und Zuckerbrezelchen aufgepäppelt, und Sie
besinnen sich nur, wo die Stelle ist, wo der ein-
geschrumpfte, atrophirte Muskel, Herz genannt,
sitzen könnte, um Ihren Pfeil auch sicher dorthin
zu schießen, damit er sich tief einbohrt, mit schwir-
renden, zitternden Federn. Aber, o weh! es war
noch weniger Herz da, als vermuthet wurde, und
die Spitze des Pfeils blieb an einer Rippe hängen

5*

und kitzelte so sehr, daß man sich todt lachte, Thränen lachte. Und als man ihn herauszog, tröpfelte
ganz dünn ein bischen Blut nach, und das war
richtig blau, aber vor Asphyxie, weil man nicht
zu Athem gekommen war. Dann machte man einen
Ball aus dem Pfeil, will sagen dem Briefe, und
warf ihn dem Hund zu!

„Da, fang, Köter!" Und das Biest zerriß ihn
in viele kleine Stücke und wollte dann die andern
Briefe auch haben.

Natürlich habe ich den Nebel ungeheuer gern,
besonders wenn der Mann darin groß wird, ungeheuer groß; wenn er aber zusammenschrumpft, so
grinst der Irrthum Einen, am Boden sich win-
dend, häßlich an, mit blutrothen Augen, und man
begreift, daß sogar der Nebel nichts war.

Ulrike zu Horst-Rauchenstein.

Mein kleiner, leidenschaftlicher Freund!

So groß war die Freude über das Musikfest? Kind, Kind, als ich Ihren Brief bis dahin gelesen, erschrak ich sehr. Wir Männer kennen doch solchen Traumschlaf nicht, und Ulrich darf nie wieder in ihn verfallen. Was soll das heißen? Da muß ich wirklich ein wenig schelten; so etwas überlassen Sie gefälligst Weibern und solchen die es werden wollen. Mein Gott! Und ich hatte Ihnen, wenn ich nicht irre, gerade einen so plebejischen Brief geschrieben! Hoffentlich hat die Post ihre Schuldigkeit gethan und ihn verloren. Am Tage, nachdem ich ihn abgeschickt, kam Ihr erster

„Brief“, denn Brief nenne ich nur was über zwei
Bogen lang ist; bisher „wurden“ mir nur „Billets“,
die ohne den süßen Zusatz gar nicht im deutschen
Sprachgebrauch erlaubt sind. Darf ich als echter
Deutscher künftighin nur um Briefe bitten? Aber
vielleicht habe ich mir die Seligkeit selbst ver=
scherzt, vielleicht lautet Ihre Antwort auf meine
Nebel=Epistel: „Geehrter Herr, ich kenne Sie nicht“,
oder vielleicht kommt keine Antwort? Seien Sie
milde, hohe Herrin, lassen Sie Gnade vor Recht
ergehen!

Jedenfalls will ich die Gnadenfrist ausnutzen.
Dank der zarten Hand, die das heiligste Band
der Gemeinschaft um uns schlang, das der gemein=
samen Trauer! Wußte der Knabe Ulrich was er
that, als er aufschluchzte: „Wir sind ja Beide mutter=
los?“ Er riß die Schranken der Gesellschaft nieder,
und gleichberechtigt knieten wir Beide neben ein=
ander an der Pforte des Todes. Ich liege oft
vor ihr, und hinfort — selbst wenn Sie mich nie
mehr mit einem Wort begnadigen, — werde ich
Sie dort finden, und wenn mir in stürmender
Nacht das ganze Weh nach Mutterliebe erwacht,
wenn ich stöhnen muß vor Leid, allein werde ich

nie mehr sein, dann sind Sie neben mir. Ihnen, einem Engel des Lichtes, ist es ja Bedürfniß, einem so schwarzen Nebenmenschen helfen zu können.

Ob ich mir vorstellen kann, wie Sie des alten Schlosses Sonne? Das habe ich immer gewußt, daß Sie der Mensch gewordene Frühling sind, — schon ehe das Veilchen kam — aber ich ahnte nicht, daß Sie sich auch um so viele alte Stämme ranken müssen, um sie schön zu machen. Ich meinte, Sie lebten allein mit Ihrem Vater. Warum erfahre ich erst jetzt von den Tanten, Großtanten, blinden Kammerfrauen, Möpsen und Uhren? Nennt Ulrich mich doch seinen Freund! Wie darf Ihr Freund wildfremd im Schloß sein? Ich weiß nicht einmal wo die Auffahrt, wie man zum Thurmzimmer gelangt, — nicht einmal die nächste Stadt würde ich kennen, — wann es keinen Bädeker gäbe! Ich weiß nicht, wenn mein Junge aufsteht, wann er reitet, geht, ißt, lacht weint, tröstet, quält, regiert, kurz nichts! Ist das recht? Wenn ich das Alles aus dem Gothaer Almanach herauslesen könnte, geschähe es wohl, denn er ist meine Lieblingslektüre geworden. Mein Verleger hat keinen Grund, sich über diese Neue-

rung zu freuen. Zudem muß ich morgen auf
ministeriellen Wunsch — Sie stecken leider nicht
dahinter, mein Herr Exminister, — nach Berlin. Es
handelt sich um das Museum, da werden alle so-
genannten Autoritäten befragt. Rom muß ich darum vielleicht aufgeben. Ihre erhoffte und ge-
fürchtete Antwort wird mich also im „Geräusch
der Welt" treffen, ich lasse mir zum ersten Mal
meine Briefe nachschicken.

Berlin, Hotel du Parc, den 11. April 1863.

Ihr Brief! Haben Sie dem „Köter" die andern
Briefe auch gegeben? Sie sind — verzeihen Sie,
doch noch recht kindlich, Herr Ulrich! Wissen Sie,
was ich mit den Schriften einer gewissen hohen
Dame thun werde? Ich werde sie an „Die Tribüne"
verkaufen, und Sie können sich nächstens gedruckt
lesen. Für das Geld aber schicke ich Ihnen eine
ganze Meute Hunde; ich bin schon mit einem
Thierbändiger in Unterhandlung getreten. Vielleicht
wäre ein junger Löwe noch passender, denn es gehört wirklich ein Heldenmuth dazu, um einen Brief
zu zerreißen, seinen Zorn an einem Stück Papier

auszulassen. Ich kann mir hinfort Ulrich zu Rauchenstein nur noch mit den Attributen seiner Kühnheit vorstellen. Läge ich hier nur nicht gefesselt, ich hätte mir die Ehre zu verschaffen gewußt, den Helden von Angesicht zu Angesicht zu sehen. Einer meiner Freunde fährt aber mit Vorliebe durchgehende Pferde, — er liegt an den Folgen einer Gehirnerschütterung, ich an einem gebrochenen Fuß, — warum pfuschen die Niederen auch in die Kunst der Hohen! Es hat etwas so Beschämendes, sich den Fuß gebrochen zu haben, daß ich es gestern ignoriren wollte, aber er wollte nicht.

Wären Sie nun ein Mädchen und kein Held, hätten Sie am Ende Mitleid mit mir Riesen? Kennen Sie das Elend eines Menschen, dem nie ein Lager lang genug ist, und der dabei zum Liegen verdammt, wenn im Rauchensteiner Park der Frühling herrscht?

Tag und Nacht stürmt das wilde Leben über den Platz vor meinen Fenstern. Manchmal benimmt es mich so, daß ich Ulrich's Traumschlaf zu begreifen anfange. Wenn es recht tost und lärmt, so daß ich meine eigene Stimme nicht hören könnte, wenn ich sie versuchte, — was nicht geschießt, — dann öffnet sich die Thür. Sie ist es, ganz in Weiß gekleidet. Ein weißes Barett mit langer Feder, die herabwallt auf das lange Netz, bedeckt Stirn und Haupt; sie trägt eine weiße Flauschjacke, wie die Damen hier tragen, das Kleid sehe ich nicht, der Lehnstuhl steht davor, wohl aber die langen Reithandschuhe. Sie spricht nicht, nein, sie lacht, sie lacht immerfort und schließlich sagt sie nur: „Das bin ich.“ Aber sie lacht auch über meine Negerhaare und meint, ich hätte wohl Einen skalpirt und mir das Fell über die Ohren gezogen. Dann mache ich die Augen auf, und es tost und lärmt draußen weiter. Schönes Leben das, nicht? Dabei Arbeit bis über die Ohren, heut Nacht habe ich das Licht nicht ge= löscht, es wurde nur vom Morgengrauen abgelöst. Es handelt sich um einen geistlosen Bericht, aber motivirt will doch Alles sein und auch geschrieben! Trotzdem ist's schöner als an einem Nebeltage in der Klosterruine, — „sie“ hat ja den Brief geballt und ihrem Hund vorgeworfen, — wer hätte das gehofft!

Ulrich's ergebenster Freund und Diener

B. H.

P. S. Laſſen Sie doch die Mädchenpoſſen fahren, wir wollen zwei echte deutſche Männer ſein und uns nicht wieder verzanken. Ich bin zwar faſt zehn Jahre älter als Sie, aber das ſchadet nichts, Sie können mir ruhig Ihre kleinen Geheimniſſe anvertrauen: ſteckt Ihnen nichts Weib= liches im Kopf? Pflegt doch in Ihrem Alter ſo zu ſein! Ich habe auch gerade einen großen Schwarm. Ach, die Weiber, die Weiber und „die Liaiibe!!"

Mein Gott, Sie haben den Fuß gebrochen! Wie schrecklich! Von diesem Augenblick an gehören Sie in die Categorie meiner großen Kinder und müssen verwöhnt werden, was aber sofort aufhört, wenn sie wieder gesund sind. Aber mit einem gebrochenen Fuße habe ich ganz ungeheures Mitleid, weil Stillliegen mir als die reine Folter erscheint. Nun sollen Sie mehr Zeit geschenkt bekommen, als alle meine andern Kinder zusammen, Sie undankbarer Mensch, der ellenlange Briefe „Billets" nennt! Sie begreifen nämlich gar nicht, daß mir das Briefschreiben sonst eine sehr unangenehme Beschäftigung ist, und daß ich drei kleine Seiten mehr als genug finde für alle

Menschen. Denken Sie nur, immer wieder zu
schreiben: Heute war ich spazieren. Gestern aßen
wir Kalbsbraten. Meine Tante hat sich die Nase
geputzt. Der neue Stall bei Alteneck ist ab=
gebrannt. Heute ist das Wetter schöner als
gestern. Mein Hund Mara hat des Pfarrers
Katze gefressen. Im Armenhaus ist Handwerker
So und So aufgenommen, weil er sein Brod
nicht mehr verdienen konnte. — Das nennen
andere Leute Briefe, und da braucht man zu drei
Seiten eine Stunde, selbst wenn man ellenlange
Buchstaben macht. Für meine Gedanken bedankt
sich Jeder. Es gehört ein so querköpfiger Secirer
wie Sie dazu, um an meinen grünen Gedanken
Freude zu haben. Und nun gar meine Tages=
eintheilung! Wollen Sie das wissen, aus Interesse
für mich, oder aus Neugierde wegen des blauen
Bluts, das sonst mit Papageien und Edgars be=
haftet sein soll? Ja, das ist aber, selbst vom
Standpunkt der Neugierde aus, gar nicht interessant.
Vielleicht würde das anderen Leuten sogar ein=
förmig vorkommen, und Ihnen am Ende auch,
weil Sie nur das Gerippe sehen, aber nicht, was
es ausfüllt. Vielleicht wird es Ihnen, bei Ihrer

Ueberarbeitung in all dem greulichen Spektakel
wie ein Ruhepunkt erscheinen.

Der Morgen bis ½8 gehört mir ganz allein,
das ist die köstlichste Zeit, die man sich denken
kann, und ich suche sie durch frühes Aufstehen
möglichst zu verlängern. Hausregel ist ½6, ich
bin aber immer schon um 5 Uhr auf. Ich bin
ein zu unruhiger Geist, um lange zu schlafen, obgleich meine Nächte höchst interessant sind durch
wunderbar schöne Träume. Ich habe im Traum
schon alle Länder bereist, neulich war ich in der
blauen Grotte und da war sogar ein Wasserfall,
was in der wirklichen blauen Grotte nicht vorhanden sein soll. Und diese Träume geben dann
dem ganzen Tage ein Licht und eine Freude, wie
die schönste Wirklichkeit. Verschimpfiren Sie mir
die Träume nicht und sagen, das Schlafen, das
sei wie die alten Weiber! Uebrigens nehmen Sie
sich in Acht, in diesem Hause darf man nichts
gegen alte Weiberchen sagen, sie haben die Ober-
hand. Niemand kann in meiner Nähe schlafen,
weil ich die ganze Nacht schwätze, wie es scheint.

Um ½8 kommt ein Knabe, der Schullehrer
werden will, und dem ich Klavierunterricht gebe.

Das arme Klavier und meine armen Ohren!
„Heil Dir im Siegerkranz" und „Jesus, meine
Zuversicht" wurde in diesem Winter einstudirt,
und jetzt sind wir an „Du, Du liegst mir im
Herzen". Das ist aber zu hoch für uns, denn das
verlangte eigentlich etwas Gefühl. Und unser
erstes Gefühl ist Speis' und Trank!!! —

Um 8 Uhr ist Frühstück, von dem ich meinem
Schüler zur Belohnung auch zukommen lasse.
Schlag 8 bin ich in der Bibliothek, und gewöhnlich, wenn ich zur einen Thür hereintrete, erscheint
mein Vater in der andern. Das freut ihn und
dann streichelt er meinen Kopf. Ich habe schon
manchmal die Thürklinke in der Hand behalten,
bis ich die andere gehen hörte, weil zu früh kommen auch unpünktlich ist. Dann mache ich ihm
den Kaffee, sehr, sehr guten, nicht Prinzessinnen-
kaffee und streiche seine Butterbrödchen. Wenn
es schön wird, frühstücken wir auf der Terrasse.
Hernach stecke ich ihm seine Cigarre an, wobei es
meine Passion ist, das Zündhölzchen bis auf's
Aeußerste zu verbrennen, ohne mir die Finger zu
verbrennen; gewöhnlich wird dazu die Eierschale
benutzt, und dann sehen wir Beide zu, ob es auch

ganz zu Asche geworden ist. Dann lese ich ihm
die Zeitung vor bis 9¼, zuerst die Kölnerin, bei
der ich oft so zerstreut bin, daß ich immer nicht
weiß, worüber mein Vater sich ärgert, und pour la
bonne bouche, die schönen Artikel aus der Allge=
meinen Augsburgerin. So erfahren wir in unserem
Winkel, was Schönes gemacht und gedacht wird.
Dann geht mein Vater an die Geschäfte mit seinen
Herren, bis um 12 Uhr. Ich aber laufe geschwind
den langen Weg, durch ein Gewinkel von Gängen
treppauf, treppab, zu meiner Blinden, die mich
voll Ungeduld erwartet. Ich nenne sie Uhlchen,
weil sie wie eine Eule da oben sitzt und den
Tag nicht sehen kann. Der lese ich die Bibel vor,
bis 10 Uhr, besonders das alte Testament. Das
paßt ihr besser in ihre Weltanschauung, das Chri=
stenthum ist gar zu gemüthlich. Sie muß in
früheren Zeiten recht kampflustig gewesen sein.
Nun kommen aber viel kuriose Sachen im Buch
der Bücher vor und Uhlchens Erklärungen sind
noch viel kurioser. Ich frage sie immer wieder
und dann wird es immer verworrener, bis sie
endlich ganz ungeduldig sagt: „Ach Kind! das
verstehst Du nicht! Lesen Sie nur weiter, drei

Verse weiter, da wird es wieder schön!" Sie kann nämlich fast Alles auswendig. Wir philosophiren auch recht viel zusammen, die Alte und ich, und da erinnert sie mich oft an eine alte Seherin. Um 10 kommen ein paar Kinder, denen ich bis 12 Französisch und Nähen lehre; ich lasse aber immer etwas Geschichte und Geographie einfließen, weil es mir so große Freude macht, zu erzählen.

Ich nähe nämlich wunderschön, eines der wenigen Dinge, die mir meine Erzieherin beigebracht hat.

Schlag 12 bin ich im Speisesaal, wo wir früh= stücken. Manchmal kommt da Jemand dazu, mit dem mein Vater zu thun hat, oder der von wei= terher ist und mit dem nächsten Zuge wieder fort= fährt. Nach dem luncheon laufen mein Vater und ich spazieren, oft sehr weit, und auf dem Rück= weg renne ich einmal in's Armenhaus, einmal in die Kleinkinder=Gottbewahrmich=Anstalt, wie mein Vater sagt, oder zu armen Leuten und sehe, was sie brauchen.

Von $\frac{1}{2}3$ bis $\frac{1}{2}4$ gehört meinem Clavier. Da rase ich mich zuweilen satt dran, oder ich werde beinahe sentimental! Singen kann ich nicht am

Clavier, das kann ich nur im Walde, oder in der
Dämmerung, in einem Winkel versteckt. Ich finde,
ich habe nicht Schule genug, um mich so prätentiös an's Clavier zu begeben. Ich habe wilden
Schlag, aber kräftigen.

Wenn ich am schönsten Spielen bin, so geht
die Thüre auf und herein kommt meine Tante
und will vierhändig spielen. Die Musik ist die
einzige, aber leider unglückliche Liebe, die in ihrem
jungfräulichen Herzen Platz genommen. Etwas
muß der Mensch doch lieben, Musik ist aber insofern fatal, als sie nicht still ist, sondern Lärm
macht. Früher spielten wir nach Tisch zusammen,
aber mein Vater konnte das nicht aushalten. Da
habe ich dann meine Musikzeit um eine halbe
Stunde verkürzt. Um $\frac{1}{2}4$ Uhr gehe ich zu
meiner Großtante, setze mich auf ein Schemelchen
ihr zu Füßen und dann schwätzen wir, ich ein
bischen sehr laut; denn sie ist ganz taub. Aber
sie ist so gescheidt und so lustig und witzig, und
wenn mein Vater es ihr nicht so streng verboten
hätte, würde sie mir furchtbar gern allerhand
Skandälerchen erzählen. Sie ist sonst noch sehr
fleißig, liest und schreibt und dichtet noch sehr

hübsch. Das ist ein reizendes Stillleben, ein Pastellbildchen, ungeheuer fein, wie die wunder-schönen Pastellbilder ihrer ganzen Familie, die bei ihr an den Wänden hängen. Da ist ihre geistreiche Mutter, meine Urgroßmutter, und ihre Brüder, die in den Freiheitskriegen fielen. In einer Ecke steht ihre Harfe; die ist aber schon seit vielen Jahren zugedeckt. Man behauptet, das alte Tantchen spiele doch zuweilen, Nachts, wenn sie glaubt, daß Niemand sie hört. Manchmal spielt sie mir, mit ihren alten Fingern, auf einem alten Spinett alte Menuette und Gavottes; Sie glauben nicht, wie interessant meine Dämmerstunde ist! Da, mit einem Mal läutet's $\frac{1}{2}5$, zur Toilette und ich sollte fliegen, bleibe aber noch hängen bis $\frac{3}{4}$ auf 5. Dann heißt es aber schnell, um so mehr, da ich mir nie bei meiner Toilette helfen lasse. 5 Minuten vor 5 versammelt sich Alles im Salon, die ganze Familie und häufig Gäste. Schlag 5 setzt man sich zu Tisch. Von 6 bis 7 steht man im Salon, ganz schön, mit seinen Handschuhen an und macht Conversation; etwas laut, weil drei Schwerhörige dabei sind. Sie sollten einmal sehen, mit welcher Galanterie mein Vater

6 *

täglich dem alten Tantchen den Arm reicht; es hat etwas von der Zopfzeit, sieht aber allerliebst aus. Höfischkeit ist nicht so übel, besonders auf dem Lande, wo, wenn man sich einmal gehen ließe, es bald keine Grenzen mehr hätte. Wer aber beschreibt mein Entsetzen, wenn mein Vater sagt „Du brauchst Deine Handschuhe nicht anzuziehen!“ Nun muß ich zur Exekution, d. h. an's Clavier, und vorspielen. Nein, das ist gräßlich! Das Herz springt mir zum Munde heraus, die Finger zittern; es macht auch Niemand Freude, denn es geschieht nur erziehungshalber, damit ich diese furchtbare Schüchternheit überwinde. Und mein Vater ist ein Felsen! Ich bitte ihn nie, denn was gut für mich ist, das thut er und was schädlich ist, entfernt er; da giebt es keinen Apell; — d. h. Apell giebt es, aber den habe ich, wie der bestdressirte Jagdhund. Um 7 geht man noch einmal auseinander, da lese ich meinem Vater vor, aus irgend einem sehr schönen Buch, besonders alte Chroniken und Biographien. Um $\frac{1}{2}$9 ist gemeinschaftlicher Thee, und dann kommt die Qual meines Lebens, die Parthie Casino, bis um $\frac{1}{2}$11! Nein, daran gewöhne ich mich nie! Und die

Alten haben das so gern und zanken schrecklich,
wenn man zerstreut ist, oder gar schläfrig! —
Wenn ich Morgens daran denke, ist mir schon der
Tag verbittert. Und es wird immer schlimmer
Es wird mir immer unleidlicher, ich glaube weil
ich es nicht sagen und nicht zeigen kann. Um
$\frac{1}{2}$11 küsse ich den Tanten und meinem Vater
die Hand und verdufte, nach Bette Die Alten
bleiben noch ein bischen

Nun kommt eine merkwürdige Frage in Ihrem
Brief, die mir schon wieder mißfallen hat. Ob
ich Geheimnisse habe? Und ich soll sie Ihnen
anvertrauen! Erstens habe ich keine Geheimnisse
und werde nie welche haben, das ist unter meiner
Würde. Und wenn ich eins hätte, so würde ich's
Niemand, gar Niemand, nicht einmal meinem
Hunde sagen, der doch das einzige verschwiegene
Wesen meiner Umgebung ist.

Nun sagen Sie mir einmal, wann soll ich
Briefe schreiben, außer in der kostbaren Morgen=
stunde, die schade dafür ist. Manchmal, im
Sommer, gehe ich schon um 4 Uhr mit meinem
Vater auf die Pirsch. Das ist das Wundervollste,
was man erleben kann, besonders wenn nichts

geschossen wird. Ich kann die armen Biester nicht
verenden sehn und laufe immer fort, anstatt das
erlegte Wild zu betrachten, bleibe auch weit zurück,
wenn mein Vater sich schußbereit macht. Wir
reiten auch manchmal um die Stunde, aber nicht
so auffallend angezogen, wie Sie es beschreiben;
von dunkelgrünem Tuch ist mein Reitkleid, von
dunkelgrünem Sammt der Hut, dunkelgrün die
Feder und grau sind die Stulphandschuhe. Hier
auf dem Lande schenke ich mir die Angströhre, die
die Damen den Herren entlehnt haben, weil sie
diesen so allerliebst stand!! Ich liebe alle dunklen
Farben, besonders braun und grün. Im Sommer
trage ich wohl weiße Kleider, ganz einfache, weil
mein Vater es gern hat. — Ich reite nie ohne
meinen Vater, d. h. nie mit den Vettern, höchstens
allein, mit einem alten Reitknecht hinter mir.
Nein, ich bin gar nicht romantisch. Ich fürchte,
ich werde Ihnen schrecklich nüchtern vorkommen.

Nun habe ich der Erziehung erstes Gebot
gründlich übertreten, welches heißt: Man spricht
nie von sich. Wenn Sie es nur auch so gründlich
übertreten, dann sind wir quitt, und ich brauche
mich nicht zu schämen. Erzählen Sie mir doch

von Ihrer großen Welt der Gedanken. Das Museum kenne ich schon, habe Abgüsse und Bilder in Menge und weiß ganz genau Bescheid darin.

Nein, den Fuß zu brechen! Wie schrecklich! Von Ihren Schmerzen sagen Sie nichts, die haben Sie vor lauter Arbeit wohl gar nicht gefühlt?

Ihr Freund

Brausekopf.

P. S. Ich habe die zerrissenen Stücke vom Brief aufgehoben

Ach, mein armer Junge, Du bist doch nur ein gedrilltes Fürstenkind! Mir wurde zuerst schwindelig bei der Fülle von Ansprüchen, die man an Sie stellt, und bei der Zeiteintheilung; nach erneuter Lectüre Ihres Briefes, — ich suche nämlich immer wieder und wieder zwischen den Zeilen etwas, was nicht da ist, — bei erneuter Lectüre also wurde mir selbst ganz wie einge- schnürt zu Muth. Wie können Sie in solcher Pünktlichkeit leben! Ich wäre am dritten Tage todt. Nicht einmal den Zwang vom lieben Gott dulde ich: für mich giebt es weder Tag noch

Nacht, sondern nur meine eigenen Gesetze. Meistens mache ich alle $1\frac{1}{2}$ Tage einmal Nacht, das stimmt dann selten mit den Sonnen= und der Nebenmenschen = Zeiten überein. Oft, besonders im Nebelwinter, stehe ich Abends um 6 Uhr auf, um gar nicht erst die doch nicht erfüllten Ansprüche von Helle an den Tag zu machen, — lege mich am folgenden Tag Mittags um 2 vielleicht schlafen, kurz, wie es mir kommt! Ich dulde nicht die Sklaverei der Gewohnheit, ich könnte daher nie mit Anderen als meinen Untergebenen in dem= selben Hause wohnen. Meine Mahlzeiten sind natürlich ebenso unregelmäßig; die Arbeit, wenn ich mich mal mit ganzem Herzen an sie gesetzt, lasse ich durch nichts unterbrechen. Allerdings habe ich auch eine Riesennatur, der es höchst gleichgültig ist, einmal 24 Stunden zu fasten. Ich glaube es war die verächtliche Schwäche der Crea- turen, welche die Regelmäßigkeit zuerst einführte. Aber wo es sich um Andere handelt, bin ich auch pünktlich wie Sie, ich komme nie zu spät in ein Colleg. Sie, sogenannter freier Wald- vogel, wie bedaure ich Sie! Viel mehr, als Sie meinen Fuß!

Und mein junger Freund versteht nicht ein=
mal Scherz? Oder läßt er mit seinen Gefühlen
vielleicht nicht spaßen? Alter Junge, Du mußt
doch „einen Schwarm" haben. Solltest Du nicht
wissen, was das ist? So etwas wie die Sonne
in seiner Wirkung, das Alles durchwärmt! Ich
wünsche übrigens, ich wüßte es auch nicht! Bis=
lang bin ich so ziemlich heil durch's Leben gekommen,
jetzt aber fängts an, mich zu inkommodiren. Lese
ich ein schönes Gedicht, möchte ich es i h r vorlesen,
— und es ist überhaupt ein schlimmes Zeichen,
daß ich jetzt so viel Gedichte lese — denke ich über
die Echtheit einer Copie nach, merke ich plötzlich,
daß ich i h r auseinandersetze, wie gleichgültig,
da das Ding schön ist, ob X oder Y es gemacht,
— was noch dazu eigentlich eine Ketzerei ist!
Im zoologischen Garten zeige ich i h r die neu=
geborenen Tiger, und sie hat einen ganz unbän=
digen Spaß an ihnen; im Theater schelte ich s i e,
daß die Tragödin heult, im Ballet bin ich ihret=
wegen genirt, im Wallner=Theater, bei den harm=
losen Witzen und Späßen, da höre ich sie lachen
und jubeln! Na, das ginge noch, aber es giebt
Schlimmeres. Wenn mein Zimmer der Sonne

wegen verdunkelt ist, da liegt sie auf dem Sofa, meiner Chaiselongue gegenüber, und ich bitte sie, ganz höflich und freundlich, obgleich es heißt, ich hätte immer einen herrischen Ton, — sie möchte mich nur ein Mal ansehen. Aber meinen Sie, daß sie es thut? Nein! Es ist zum Verzweifeln, ich kann ihre Gesichtszüge nicht erhaschen. Die Wellenlinie der schlanken Gestalt habe ich im Auge, sie ist mir so eine Art Maaß im Auge geworden, das ich neulich sogar ans Brandenburgerthor anlegte, aber das Gesicht kenne ich nicht. Es wechselt wohl zu oft? Aber Du interessirst Dich ja nicht für meinen „Schwarm" zumal da Du keinen hast! Werde aber nicht eifersüchtig, ich vernachlässige Dich nicht etwa darüber, nein mein Kind, — neulich setzte ich mir sogar meinen großen, weichen Filzhut (Cylinder überlasse ich den reitenden Damen) schief auf und dachte, ich führte Dich in eine Kneipe, damit Du unter meinem Fittig Deine Lieder singen solltest. Außerdem habe ich mir einen Stundenplan gemacht, wo steht:

5 Uhr Aufstehen, — bis $\frac{1}{2}$8???

$\frac{1}{2}$ 8 Uhr Knaben am Clavier,

8 Uhr Bibliothek, Kaffee, guter, mit Papa,

8. 5 Min. Butterbrödchen,

8. 10 Min. Kölnerin u. s. w.

Das habe ich mit großen (aber griechischen, wegen der Kellner, die ich nicht immer vermeiden kann) Lettern geschrieben und unter die Uhr gehängt. Schau ich auf, sehe ich gleich, was Du gerade treibst. Die Differenz der Uhren ist auch dabei bemerkt. Abends brennt ein Licht wie ein ewiges Lämpchen davor.

Wenn ich aus dem Zimmer humple, wird es natürlich abgenommen und wandert in die linke Brusttasche.

Neulich las ich in der Zeitung, daß bei Alteneck, wo Dein neuer Stall steht, am 30. April in der Frühe zwischen 6 und 7, Meteorsteine fallen werden. Es kann aber auch eine Ente sein, — wenn ich Du wäre, ginge ich aber allein hin. Oder hast Du schon Meteore gesehen? Ich noch nicht, ich käme, — wäre nicht der Fuß.

Heute kann ich Ihnen nicht mehr schreiben, weil „mein Schwarm" mich nicht läßt. Er liegt da auf dem Sofa und neckt mich. Mein Fuß ist übrigens viel schlimmer, er wird wahrscheinlich nie mehr gesund, — wenn die langen Briefe und die Verwöhnungen dann aufhören sollen.

Mit männlichem Händedruck

Bruno Hallmuth.

.

Einen Schwarm! Was ist das ein Schwarm?
habe ich mich gefragt. Ich vergaß wahrhaftig.
daß ich der Knabe Ulrich bin und dachte an den
Schwarm von Anbetern meiner Großtante, von
dem sie immer spricht und behauptet, sie habe nicht
weniger als eilf Freier gehabt. Weil aber mein
Herr Urgroßvater und meine Frau Urgroßmutter,
wie es scheint, nicht sehr glücklich zusammen waren,
hat meine Frau Urgroßmutter ihren Töchtern so
energisch vom Heirathen abgerathen, daß sie alte
Jungfern geblieben sind. Das Tantchen hatte aber
doch Einen gern, einen fremden Marquis. den sie
sehr gern geheirathet hätte. Er gefiel aber ihrer

Mutter nicht, und da hat sie ihr kleines Herz in die Hand genommen und hat es ganz still und heimlich entzweigedrückt, für alle Zeit. Als sie aber 70 Jahre alt war, wollte sie ihren Marquis noch einmal sehen und reiste in die Stadt, die mir die Discretion zu nennen verbietet. Sie ließ sich sein Haus zeigen: da saß ein alter, alter Mann im Lehnstuhl auf dem Balcon, der mit dem Käppchen auf dem Kopfe rauchte. Sie betrachtete ihn eine ganze Weile; dann kehrte sie um und reiste wieder nach Hause. Einmal machten wir einen Scherz zum 76. Geburtstag, zogen einem kleinen Neffen ein Louis XV. Costüme an und ließen den Marquis anmelden. Sie wurde roth wie ein junges Mädchen und ganz agitirt und sagte: „Mein Gott! ist es möglich!" so daß wir ganz erschrocken waren. Als aber der kleine Bursch erschien, sich auf ein Knie niederließ und ihr ein Gedicht überreichte, lachte sie herzlich und fand unsern Scherz allerliebst. Ich habe noch nie ein altes Gesicht so jung werden sehen wie in dem Augenblick — Dies ist der Roman des alten Tantchens: ungeheuer einfach, nicht wahr, aber die schönste Illustration zu den Worten: Pflicht!

Treue! Fünfzigjährige treue Liebe ist doch noch mehr werth, als der schönste Schwarm. —

Ich habe wirklich schon einen Heirathsantrag gehabt, einen ganz wirklichen, ernsthaften Heiraths- antrag! nein, ich habe mich todtgelacht! Ich dachte der Mensch sei verrückt geworden. Wie kann man mich heirathen wollen? Das ist mir rein unbe- greiflich! Es haben ihm gewiß andere Leute die Ohren vollgeschwätzt von mir, denn ganz allein mit meiner kleinen Person hätte ich so etwas doch nicht fertig gebracht. Das war wieder kein Schwarm. Einen meiner Lehrer hatte ich sehr, sehr lieb; ach! wie Speise und Trank waren seine Stunden und unsere Gespräche, und wenn mir das Herz schwer war, dann wurde es wieder leicht, weil er mich hinaushob über die alltägliche Klein- lichkeit und mir das Große im Kleinen zeigte. Alles was ich ungern that, wurde zur Liebespflicht und zur Schule meinem spröden, unbeugsamen Charakter und so lernte ich mich in Alles ohne Murren fügen. Das war doch auch kein Schwarm. — Wie komisch Sie sind, mit dem: „Thun was ich will!" Ich weiß nicht, ob es so ganz recht ist, oder ob es ein Glück ist. „Thun was ich will" heißt: Ich habe Niemand lieb, denn ich bringe keine Opfer! Und Liebe ohne Opfer, ohne Selbstaufopferung giebt es nicht. Anstatt Sie um Ihre Freiheit zu beneiden, bedauere ich Sie eher und fühle mich als freies Waldvöglein, das seinen Käfig aus Liebe aufsucht, aber nicht vogelfrei, was gleichbedeutend ist mit Ausgestoßensein vom Umgang mit Menschen. Sie machen sich einen Schwarm, weil Sie einmal in Ihrem Leben so recht, recht tief, inbrünstig lieb haben möchten und es noch nie gethan haben. Ich glaube fast, Sie sind unglücklich. Was für eine komische Frau denken Sie sich aus, die auf dem Sofa liegt und Sie nicht ansieht! Solch Eine möchte ich nicht! Ich begreife im Laube und im Moos liegen, aber nicht auf dem Sofa. Wenn ich müde bin, lege ich mich auf die Erde; die ist gerade und hart und ruht den Rücken aus. —

Ich habe wohl ein solches Gefühl, wie einen Schwarm, gehabt, aber es ist ja eine Entweihung, es neben dem Andern zu nennen. Es war mit dem lieben Gott! Es gab eine Zeit, und sie kommt noch zuweilen wieder, da fühlte ich beständig

Gottes Nähe; ich sprach mit ihm, ich frug ihn
und wenn ich ganz allein war, fühlte ich, als sähe
er mich immer an, und dann warf ich das schönste
Buch in die Ecke und präparirte Ovid, oder
lernte Vocabeln, und dann haßte ich den Kerl,
den Ovid, weniger als gewöhnlich, weil es mir
war als lächle Gott! Nicht wahr, es ist anmaßend zu denken, daß der liebe Gott sich mit
meiner kleinen Person beschäftigen sollte; aber
noch gestern, beim Abendmahl, stand er so nahe,
so nahe, als fühlte ich seinen Odem mich sanft
umwehen. Und Abends ist mir's, als legte ich
mich in seine Arme. Ich habe nicht viel Dog-
matik gelernt. Das mochten die Meinigen nicht.
Meine ganze Religion heißt: Unbegrenztes Gott-
vertrauen! Nein, ich habe nicht gehört, ich hätte
Christus an's Kreuz gebracht; ich hätte es auch
nicht geglaubt, da ich damals noch nicht geboren
war. Und ich denke, wenn der liebe Gott mich
hätte vollkommen und fehlerlos schaffen wollen,
so hätte er's ja gekonnt, so gut wie er Christus
vollkommen geschaffen. Aber er wollte nicht. Ich
soll Fehler und Schwächen haben, damit ich
kämpfe, damit ich die Befriedigung habe, selber

etwas zu erringen, was mir nicht in den Schooß
gefallen ist.

Ach! die wunderschöne Osterzeit! Ich genieße
die Ferien, die ich meinen Kindern gegeben! Die
Uhr tickt so heimlich in meinem Zimmer; der
Epheu an der Laube, in der mein Schreibtisch
steht, prangt in jungem Grün. Ich wasche aber
auch täglich seine Blätter; die Sonne und der
Blumenduft strömen durchs offene Fenster herein.
Um mein Spinnrädchen habe ich einen Zweig
Prunus Patus geschlungen, auf meinem Tisch
steht eine Magnolienblüthe, frische Buchenzweige
und Birkenkätzchen. Fast duftet es zu stark bei
mir. Ich habe schon um 5 Uhr am Fenster ge=
sessen und gesponnen und gesungen dazu. Wenn
ich faullenzen und träumen will, dann muß mein
Rädchen schnurren und was ich denke, singe ich
gleich, mit eigenen Worten und eigener Melodie.
Nein, ich bin doch zu glücklich! Ich bin ganz
betrunken von dem Glanz und dem Duft und
der Pracht. Wissen Sie, wie Hainbuchenblätter
im Sonnenschein glänzen, wenn sie ganz jung
sind? So sehr, daß sich des Himmels Blau
darin spiegelt. Und dann sagt man, Blau und

Grün ist nicht schön zusammen! Lächerlich! ist denn die ganze Natur etwas Anderes als Blau und Grün? Eben habe ich meinen ganzen Ofen voll Blumen gestellt, denn nun wird nicht mehr geheizt. Das andere Fenster wird nun erst schön, wenn die Linde davor sich voll belaubt. Da entsteht ein reizendes, grünes Dämmerlicht. Wenn ich das nur sehe, so möchte ich jubeln! Der Baum breitet seine Aeste noch vor mein Schlaf= zimmer, in das einige Stufen hinunterführen. Das ist dann reizend im grünen Licht, weil es zart rosa ist, Wände, Decke, Bettvorhänge, Alles rosa, mit weißem Mull leicht darüber geworfen. Und Abends brennt eine Lampe, mit rosa Glocke drin. Wenn die Linde blüht, so ist es berauschend bei mir und ein Gesumme von Bienen, die ein= und ausfliegen, mit den Schwalben und Spatzen um die Wette. Wenn sich das Glockenläuten vom Thal herauf in den Lindenwipfeln fängt, so wird mein Zimmer zur Kapelle. Nein, ich könnte nie, nie, nie in einer Stadt leben! ich müßte dort vergehen, vor Heimweh! Eben schlägt eine Nachti= gall. Natürlich! am 15. April waren sie richtig da! Und was sagen Sie nun, da sogar die freien

Vögel pünktlich sind? Sie fehlen nie am 15.
April und haben kein Colleg und keinen Vater
und keine Blinde, die auf sie warten, wie auf
ihre kleine Nebensonne! Da eben ruft der Kukuk! — Sprich, Kukuk, wieviel Jahre bleibe ich
ledig? — Und siehe! der Kukuk war still! Nein,
es ist nicht zu glauben! nicht ein Jahr mehr?
Wie schade! Nein, wie schade! ich will gar keinen
Mann! Ich wollte bis Hundert zählen und Sie
denn noch einmal auslachen, von wegen dem
Schwarm! Ich habe schon im Voraus Mitleid
mit mir selber, wenn ich denke, daß ich heirathen
soll! Ich könnte weinen über mich, aus Mitleid
Ich bin doch noch so jung und habe gar nichts
Böses gethan, daß ich gestraft werden müßte!

Nein, wie sie singen! Unser alter Arzt, mit
dem ich übrigens noch nie zu thun gehabt habe,
muß immer, mit feierlichem Gesicht, einen kleinen
Witz machen, und sagt: „Im Garten war solch
eine Schlägerei!" und dann muß man erschrocken
sein und dann sind es die Nachtigallen gewesen;
Wenn er den Damen den Puls fühlen will, sagt
er: „Darf ich um Ihre Hand anhalten?" Das
haben die alten Jungfern ungeheuer gern.

A propos von Nebensonne. Ich habe einmal
einen Prediger von der Kanzel sagen hören, Gott
habe, um dem Josua zu helfen und doch nicht
gegen die übrige Welt ungerecht zu sein, eine
kleine Nebensonne am Himmel gelassen und die
Andere derweil weitergeschickt. Ich bekam Magen-
schmerzen, so habe ich das Lachen verschluckt.
Natürlich erzählte ich es gleich dem alten Tantchen, mit dem dazu gehörigen Pathos und dem
salbaderigen Tone! wir brüllten und seitdem
nennt sie mich so. Wenn mein Großonkel Bert-
hold hört, daß Sie weiche Filzhüte tragen, so
würde er außer sich kommen; und wenn nun gar
ein Vollbart hinzukommt, so ist der „greuliche
Demokrat!" fertig. Was müßte ich dann nicht
Alles hören. Mich grauft es ordentlich.

Ich habe meinem Vater Ihr wundervolles
Buch vorgelesen, er sagte mit Thränen in den
Augen: „Gott sei Dank, daß in unsrer Zeit
noch solche Sachen geschrieben werden!" „Das
habe ich ihm auch geschrieben." „Schreibst Du
ihm denn noch?" „Ja, Vater, denn ich bekomme
Antworten." „Aber Kind! Du hast nicht das
Recht, einem solchen Mann die Zeit zu rauben,

Du Gelbschnabel!" „Er sagt, er hat's gern!"
„Ich möchte doch daran zweifeln." „O, Vater,
er hat's doch gesagt!"

Da lächelte mein Vater. Ich glaube, was
man mir sagt. Woran soll man sich denn sonst
halten? Sie können doch nicht unwahr sein!
Nein, nicht wahr? Ein vornehmer Geist und
unwahr! Nicht wahr, das thun Sie mir nicht
an? Lieber bekomme ich nie mehr einen Brief!

Ihr

Ulrich.

Erlauchter Freund!

Lieber bekommen Sie nie einen Brief? Soll
das heißen, daß Sie ihn bisher gern bekamen,
oder daß Sie sich so wenig aus ihm machen, daß
„ein Grundsatz", gegen den Sie neulich so eiferten,
ihn ersetzen kann? Ich kann Sie übrigens be-
ruhigen, seitdem ich gesehen daß alle Welt lügt,
macht es mir keinen Spaß mehr; ich wollte nämlich schon als Kind nicht gern wie „alle Welt"
handeln, — aus Ironie mußte ich darum „Sozialdemokrat", mit weichem Filzhut und Vollbart
werden! Ihr Herr Vater hat recht, ich sollte
Anderes treiben, als einen jungen Telemach, der

obendrein meinen Mentor spielen will, zu belehren; zumal der Junge sich hin und wieder recht weiblich zeigt. Mit der Prinzeß Ulrike aber will ich nichts zu thun haben, merken Sie sich das ein für alle Mal. Fallen Sie noch einmal aus der Rolle, so ist's vorbei zwischen uns. In Parenthese erlaube ich mir übrigens zu bemerken, daß es bei uns Plebejern für unfreundlich gilt, Jemanden nicht anzureden. Vielleicht entsinnen Sie sich meines Vornamens nicht? Ich heiße Bruno, was eigentlich ein Romanname ist, aber bei uns Pommern heißen auch Menschenkinder so. „Lieber Bruno“ würde sich recht hübsch auf Ihrem schönen Papier machen. Gefällt Ihnen Bruno nicht, mein zweiter Name ist „Kurt“; er ist kürzer und hat den Vortheil, daß mich noch nie Jemand so rief. Wie Sie wollen.

Haben Sie am Poststempel gesehen, daß ich wieder in meiner Höhle bin? Wer weiß, ob ich sie nicht zu meinem Grabmal gemacht hätte, wenn ein Osterbrief mich nicht „der Erde wieder gegeben“ hätte; denn ich habe des Grausens genug in den vergangenen Tagen gespürt.

Am 14., an demselben Tage, als ich Ihnen

aus Berlin so kurz schrieb, unternahm ich eine
kleine Dienstreise, à la recherche d'un MS., ich
vertraue Ihnen dies aber nur unter dem Siegel
der Verschwiegenheit an. Da ich Ihnen schon
früher angedeutet, daß ich einen „kleinen Schwarm"
habe, worauf Sie wieder ganz weiblich antworteten,
— Junge, haben Sie denn keine Phantasie? —
kann ich Ihnen gestehen, daß ich auch zugleich
den Gegenstand desselben besuchen wollte. Meine
Prinzessin ist nun aber, wie alle im Märchen
von Riesen und Drachen bewacht, bewohnt auch
ein Felsenschloß, also war die Sache schwierig.
Wenn Sie mal in ähnliche Lage kommen, mein
Telemach, und Ihnen die Phantasie bis dahin
nicht mit dem letzten Weisheitszahn gewachsen,
wenden Sie sich getrost an mich. Ich habe unter
solchen Umständen auch Glück. Also horchen Sie:
Bis an die große Stadt W. war ich gelangt, hatte
mich dort wieder zum Menschen gemacht und saß
auf dem Marterpolster der Eisenbahn, als, gerade wie der Zug weiter gehen will, ein blasser
Mann angelaufen kommt und schreit: „Conducteur,
nach R . . . .," was auch mein Zauberschloß war.
Der Zug setzte sich in Bewegung, ich hatte aber,

da ich am offenen Fenster stand, das Wort gehört, öffnete schnell mein Coupé, und der Spät-
ling sprang hinein. Natürlich hatte ich in den
ersten fünf Minuten erfahren, daß er ein Clavierstimmer und auf's Schloß befohlen wäre, um vor
dem Feste die Instrumente zu stimmen. In den
nächsten fünf Minuten hatte ich ihn überredet
— ich schrieb Ihnen schon einmal von meiner Be-
redsamkeit, — daß er mich als zweiten Stimmer
mitnehmen sollte. „Wenn Sie sagen, Sie müßten
mit dem nächsten Zug zurück, wird man begreifen,
daß Sie eine Hülfe mitgebracht; ich möchte das
Schloß gerne von Innen sehen. Von Außen kenne
ich es, und auch die Herrschaften dem Rufe
nach."

Darauf hin erging ich mich in Lobeserhebungen
der hohen Familie. Er kannte sie aber nicht
näher, war ein „Sozialdemokrat" an Gesinnung
und überhaupt eine karge Seele, dem der klingende
Lohn, den ich ihm versprochen, das einzig In-
teressante an mir war. Aber was ging mich
das an!

Als wir in R. ausstiegen, sah er mich nur
einmal bedenklich an, und meinte kopfschüttelnd

einem Clavierstimmer gliche ich nicht sehr. Entsinnen Sie sich, daß Mittwoch vor Ostern ein
Regentag war? Die schönen Ufer des Flusses
waren kaum sichtbar; zudem hatte das einzige
Gefährt, welches ich an der Bahn fand, nur sehr
kleine Fenster, vielleicht war ich auch etwas un-
achtsam, oder gar erregt, kurzum, ich sah nicht
viel, ehe wir in den getäfelten Vorsaal traten.
Ein Diener wunderte sich, daß wir diesen Wagen
warten ließen, und mir fiel es erst nachher ein,
daß sich das für Clavierstimmer wirklich nicht
ziemte. Der Intendant führte uns in den Salon
und ließ uns einen Diener zur Aufsicht. Ich
konnte mich nicht viel umsehen, verfiel daher auf
den Ausweg zu fragen, ob das Pianino der
jungen Dame nicht auch gestimmt werden sollte?
Und denken Sie mein Glück! Die junge Dame
hatte wirklich ein Pianino auf ihrem Zimmer, zu
welchem der Diener mich führte. Ich blieb eine
halbe Stunde in dem Gemach der Angebeteten!
Leider ließ der gute Knecht seine Augen nicht von
mir, als ich die Stücke des Instruments, das ich
auseinander nahm, an die verschiedenen Tische
stellte, um das Zimmer zu durchmessen. Aber

denken Sie, Ulrich, ich habe in dem Zimmer
dieser jungen Dame doch den aufgeschlagenen Dante
gesehen, habe drei arg verbesserte (das beste
Zeichen!) Verse deutsch daneben in einer lieben
vornehmen Handschrift erblickt. Der achtsame Diener
verhinderte mich am Lesen, — aber, Ulrich, nicht
wahr, es muß aus der Hölle gewesen sein!?
So weit begreifen Sie mich, das hätten Sie auch
gethan, nun kommt aber mein Coup. Ich wollte
nämlich mehr als das Burgzimmer sehen, mich
verlangte es nach der Herrin! Wie sollte ich sie
locken? Ich hatte einmal erfahren, daß sie von
11 bis 12 armen Kindern im Eßzimmer Unterricht ertheilt. Ich brauste also die Wagner'sche
Tannhäuser-Ouvertüre herunter, (schwer, aber ich
bin ein großer Musikant!) und richtig, die List
gelang, sie trat ein. Nein, sie trat nicht ein, sie
brauste herein, noch mehr als mein Marsch, den
ich augenblicklich abbrach und aufstand. Ich
überragte sie um einen ganzen Kopf. Aber ihre
Enttäuschung, daß, wie sie am auseinanderge-
nommenen Instrument sah, nur ein Stimmer vor
ihr stand! Ich las sie in ihren Zügen, die so
freudig gespannt beim Eintreten gewesen. Doch

sie sagte: „Sie spielen sehr gut!" Ich verneigte
mich stumm.

Ulrich, vielleicht weißt Du nicht, wie einem
„Sozialdemokraten" zu Muth, wenn er das erste
Wort aus dem Munde — nein, ich meine natürlich, wenn ein Fürstenkind sein Clavierspiel zu
loben geruht! Ich bewahrte meine Fassung
merkwürdig gut, in Anbetracht des Umstandes,
daß sie eine Stimme hat, die einzig auf dieser
Welt. Dabei bin ich sehr musikalisch, aber es
war nicht der Wohllaut der Stimme, — der
könnte ja rein mechanisch = physisches Erzeugniß
sein, es war die Seele, die mitvibrirte! Man
könnte sentimental dabei werden. „Befehlen Durch=
laucht (sie war eine Durchlaucht!), daß ich weiter
spiele?" „Ach, ja, bitte, es macht mir so viel
Freude!" sagte sie, aber dies Mal lag etwas ein
wenig Gekünsteltes im Klang der Stimme. Was
wollen Sie, Ulrich, sie ist ein Fürstenkind und
ein Weib. Ich spielte eine Bach'sche Suite, aus
den englischen, die nicht ganz ihren Beifall hatte,
(sie ist 19!). „Lieber ein Volkslied", meinte sie,
doch da ertönte die Frühstücksglocke, und sie stürmte
wieder hinunter. Mir hatte sie noch — höflich

sind die Stolzen — „ich danke tausendmal" gesagt,
und ich ging dann vor die Thür, in den Regen
und überließ meinem blonden Helfershelfer die
musikalischen Sorgen. Der Kastellan hatte Mit=
leid mit mir, wie ich so regungslos da stand und
mich durchnässen ließ, — er meinte vielleicht, mich
hätte irgend ein schwerer Schlag getroffen, der
meine Empfindungen gelähmt, — aber er wagte
mir doch nicht sein Häuschen zum Obdach anzu=
bieten. Er gab mir aber schließlich den Trost,
daß wir schöne Ostern haben würden. Ich kann
zwar nicht sagen, daß sich das an mir erfüllt
hat. Meine Haushälterin verwunderte sich, daß
ich schon vor Beginn des Semesters zurückkam,
das ist noch nie geschehen; sie meinte, es wäre
des Fußes wegen. Vielleicht hat sie recht?

Die Geschichte mit Ihrer Großtante und dem
Marquis finde ich sehr schön. Der Marquis war
gewiß ein Frondeur. Nur wir Frondeurs haben
tiefe und loyale Gefühle!

Wollen Sie Ihrem Vater erzählen, der
Professor, den Sie hin und wieder mit einem
Brief beglücken, ginge auch zum Musikfeste nach
Cöln? Sie können ja hinzusetzen, daß er ent=

schieben nicht zu den Aufdringlichen gehört. Wenn Sie es wünschen, — aber nur dann — würde ich mich Ihnen vorstellen lassen.

Ich weiß nicht, was mir heute ist, Herr Ulrich, ich muß schließen; Sie meinen, ich sei unglücklich, weil ich frei bin und keinen Menschen liebe? Die Menschheit liebe ich aber mehr als Sie verstehen, denn Sie kennen nicht Schuld und Elend. Verschuldetes Elend ist gerade so schlimm wie unverschuldetes; übrigens giebt es nichts Unverschuldetes; das Sein ist schon Schuld. Ihr Glaube ist bequem! Sie wären am Tode Christi nicht schuld, weil Sie damals nicht lebten? Aber sagt nicht das alte Testament, daß Gott die Schuld bis in die tausendste Generation rächt?

Verzeihen Sie, kleine Nebensonne, — kreisen Sie in Ihrer Sphäre, und folgen Sie nicht „in's dunkle Reich hinab"

Ihrem ergebensten Freunde

Bruno.

Verehrter Herr Professor!

Wenn Sie jemals in Ihrem Leben gefühlt
hätten, was das Wort „Enttäuschung" bedeuten
will, so hätten Sie gezögert, es mich zu lehren;
denn dann hätten Sie gewußt, daß es ein sehr
bitteres Gefühl ist. Ich weiß nicht, was ich zu
Ihrer geschriebenen Aufrichtigkeit nach Ihrer ge=
lebten Lüge sagen soll. Si tacuisses, philosophus
mansisses. Warum haben Sie mir Ihren
Studentenstreich erzählt? War es das schlechte
Gewissen, das Sie dazu trieb? Konnten Sie es
nicht ertragen, daß ich das Heiligthum meines
Stübchens wieder betrat, ohne zu wissen, daß es

entweiht war? Den Dante habe ich tief verborgen, die Ueberſetzungen in vielen kleinen Stücken
den vier Winden übergeben; wenn ich gewünſcht
hätte, daß es Jemand wüßte, ſo hätte ich's Ihnen
geſchrieben. Ich erinnere mich weder des Klavier-
ſtimmers, noch ſeines Spiels. Ich habe den
Fremden wahrſcheinlich gar nicht angeſehen und
meine Ohren waren bei der Frühſtücksglocke. Wie
anders, wie ganz anders hatte ich mir unſere erſte
Begegnung vorgeſtellt. Meine beiden Hände hätte
ich ausgeſtreckt und wäre auf Sie zugeſtürzt, wie
auf einen langjährigen Freund, wie auf einen
Menſchen, der mir Welten von Schönheit und
Hoheit erſchloſſen! Das haben Sie ſich ſelbſt ver-
ſcherzt. Ihr Incognito iſt gründlich reſpectirt
worden. Aber Leuten, die man kennt, die man
„Freund" nennt, unter dieſer Maske entgegen-
zutreten, iſt nicht von gutem Geſchmack, mein
Herr, und ich wünſchte der Regen hätte Sie dafür
noch gründlicher durchnäßt.

Ich hatte Ihnen mein Zimmer ſo genau be-
ſchrieben, daß Sie es genugſam kannten; was
brauchten Sie noch neugierig zu ſein? Ich habe
Neugierde nicht gern; ſie iſt gewöhnlich; es giebt

vornehme Fehler und ordinäre Fehler. Und Neu=
gierde gehört zu den letzteren, mein Herr Mentor.

Ich habe nicht gewagt, Sie nach Ihren Ar=
beiten zu fragen, aus Furcht, unbescheiden zu er=
scheinen. Sie haben es viel einfacher gefunden,
selbst nachzusehen. Ich bin keine Romanheldin
und finde keinen Geschmack an dergleichen Ueber=
raschungen. Ich bin auch nicht eitel. Sonst
hätte ich mich gefreut, daß Sie mein ernsthaftes
Studiren entdeckt. Nein, mir ist Alles verleidet,
als wäre ein Reif auf alle meine Blumen und
auf die jungen Buchenblätter gefallen. Nun
hängen sie ihre Häuptchen, mit schwarzem Trauer=
flor gerändert Ich habe Niemand erzählt, daß
Sie das gethan. Ich will nicht, daß man über
Sie lachen soll

Ulrike zu Horst=Rauchenstein.

P. S. Der Gürzenich ist groß. . Es gehen
2000 Menschen hinein. Dort dürften Sie uns
schwerer finden, als in unserem eigenen Hause.

8*

Greifswald, den 1. Mai 1863.

Durchlauchte Prinzessin!

Nein, meine Gnädige, ich habe noch nie eine Enttäuschung gekannt; und daher auch kein Mitgefühl mit ihr. Das Wort wohl, denn ich hatte, wie wir Plebejer meistens, sehr guten Unterricht in der deutschen Sprache. Die Sache jedoch kann ich nie kennen lernen. Ich überschätze nämlich nie Jemand — obgleich ich mir Ihnen gegenüber wohl manchmal den Anstrich gab —; ich wußte z. B. stets, daß in den Kreisen, die mit Unrecht „die guten“ heißen, die Form mehr gilt als der Sinn. Man darf einem Menschen das Herz brechen, wenn es nur formvoll geschieht, ja, man

darf sogar umbringen, wenn es nur Niemand
merkt.

Wie schade, daß die deutsche Literatur um
einen Dante-Ueberseßer ärmer geworden ist durch
meine Schuld. Wenn mich diese Schuld einmal
gar zu sehr drückt, muß ich am Ende mit meinen
Mußestunden für die Ihren einstehen; ich hoffe
aber, Sie werden es nicht so weit kommen lassen!

Uebrigens nur wer „täuscht", kann enttäuschen:
ich glaube Sie nie getäuscht zu haben, mich nie
für etwas anderes als einen in seiner eigenen
Schlechtigkeit verkommenen Plebejer hingestellt zu
haben. Möglich wäre es freilich auch. Weiß ich
denn noch, was ich Ihnen so zwischen Wachen
und Schlafen immer hingekritzelt habe? Nehmen
Sie jedenfalls den Ausdruck meines tief gefühlten
Bedauerns und meiner Reue an!

Und haben Sie keine Sorge wegen des Musik=
festes: ich habe noch nie Jemand gesucht, ich selbst
wurde immer aufgesucht. Nicht weil ich irgend
einen Werth habe, sondern weil die Menschen, —
ohne Unterschied des Ranges, — sich stets einbilden,
daß der Mann, der seinen eigenen Weg geht und
Niemand um Rath fragt, interessant sein müßte.

Hätte ich Ew. Durchlaucht vorher konsultirt, wie
ich Schloß Rauchenstein besichtigen sollte, hätten
mir Höchstdieselben wahrscheinlich gerathen, es wie
der Bischof von Limburg und Professor X. aus
Gießen zu machen. Diese Herren kämen immer
mit dem 4=Uhr=Zug an und kehrten mit dem
10=Uhr=Zug heim. Ew. Durchlaucht hätten mich
im Salon „mit beiden Händen" empfangen, wir
hätten en famille über das Wetter, über Italien,
die Schweiz oder sonst ein geistreiches Thema ge=
redet, ich hätte „selbstgeschossene Schnepfen" ge=
gessen, guten Steinwein getrunken u. s. w. Ja,
meine Gnädige, mit Ebreschen fängt man aber
nur Krammetsvögel, keine Wildschweine. Und
lieber, als daß ich Sie auf Commando nach Tisch
Clavier spielen hörte, lieber badete ich im Ryck,
was auch kein angenehmer Tod ist.

Aber wozu schreibe ich noch über die ganze
Angelegenheit, sie interessirt uns ja beide nicht.
Wir hatten uns gegenseitig (verzeihen Sie das
arrogante „uns" für Sie und mich, aber der
Sprachgebrauch ist schwer zu ersetzen) eingeredet,
daß wir irgend etwas Gemeinsames hätten, vom
Urvater Adam her; Sie meinten, ich könnte mit

einiger Mühe so weit gezogen werden, daß ich mich wie der Bischof von Limburg in Ihrem Salon zu benehmen lernte. Sie meinten sogar, ich hätte nur vornehme Laster, keine niedrigen Fehler; · ich glaubte, es wäre hinter der Durchlaucht ein Funken Mensch geblieben! Aber gestehen wir es jetzt, beim Scheiden, einander ehrlich: geglaubt haben wir es Beide nicht, wir wünschten es nur zu glauben.

Ueber Eins bin ich froh, daß selbst Sie keine vornehmen Fehler an mir gefunden, denn nach meiner Ansicht haben, gleich nach den vornehmen Tugenden, die vornehmen Laster am meisten Un= heil in der Welt angerichtet.

Doch die größte Unhöflichkeit bei uns Nied= rigen ist — nicht etwa von sich selbst zu sprechen — sondern dem Anderen von etwas zu reden, was er überhaupt nicht verstehen kann. Damit ich in der nicht excellire, schließe ich.

Ihr

ergebenster

Dr. Bruno Hallmuth.

Sagen Sie mir einmal, mein bester Herr Professor, wie war es Ihnen eigentlich zu Muth, nachdem Sie alle diese Grobheiten geschrieben hatten? Fühlten Sie sich erleichtert? Hatten Sie keine Galle mehr? Oder hatten Sie sich in Ihren ganzen Haß und Groll gegen die großen Herren so recht wieder hineingeschrieben? Ich muß Ihnen eine Beichte machen: Nachdem ich so recht steifbockig und kratzbürstig gegen Sie gewesen, war mein ganzer Zorn verraucht, aber rein weg!

Ich suchte ihn und wollte ihm Futter geben, damit er immer größer würde; aber je mehr ich nach Futter suchte, desto weniger fand ich's, und mein Zorn bekam erst die Bleichsucht und dann galoppirende Schwindsucht, und als ich Ihre Antwort erhielt, habe ich so furchtbar gelacht, daß es meinem Hunde bange wurde und er mir in's Gesicht sprang und seine Tatzen auf meine Schultern legte. Sie großer, gelehrter Mann und ich pedantische Schullehrerin, wir waren rechte Kinder! und ich habe Sie nur auf die Antwort warten lassen, damit auch Ihr Zorn Zeit hätte, an der Schwindsucht zu sterben. Ist er todt, ganz todt? Nicht wahr, mein Freund, Sie drehen ihm den Hals um, und wir reden nicht mehr davon! —

Ich weiß nicht, wie es kam, daß ich wieder einmal vergessen hatte, daß ich Ulrich bin, und als Lateinschüler viel lieber noch viel tollere Streiche machen würde, als mein Mentor, anstatt auf dem hohen Pferde der Sitte und des Herkommens im spanischen Tritt einherzustolziren. Ich fahre Ihnen mit Horaz unter die Nase und will Dante verstecken! Ich beschreibe Ihnen mein Zimmer, und Sie sollen es nicht ansehen! Ich beschäftige Sie mit meiner kleinen Person, und Sie sollen nicht neugierig werden. Ich mache Ihnen eine entsetzliche Beschreibung von meinem Spiel, von dem

Stehen mit Handschuhen an und der Casinoparthie, und Sie sollen sich davor nicht fürchten! Ich begreife noch eher, daß man sich vor einer Casinoparthie fürchtet, als vor dem Schlachtgetümmel! Ihr Freund Ulrich ist ein Querkopf, wie leider viele seines Standes, und diese erste entrevue ist eigentlich kostbar, so originell und apart wie nur möglich.

Und das mit den vornehmen Fehlern war auch ein bischen riskirt. Meine Großtante ist z. B. schrecklich neugierig, und doch allerblaustes Blut! Sie sehen, ich bin wenigstens ein ehrlicher Kerl und gestehe es ein, wenn ich „hasty" war. Darum müssen Sie auch hübsch vom Katheder heruntersteigen, mir die Hand schütteln und sagen, daß Sie recht gallig waren. Eine schöne Generalbeichte und gegenseitige Absolution, bis wir uns das nächste Mal wieder zanken. Nehmen Sie sich in Acht und versprechen Sie nicht so sicher, daß es zum letzten Mal ist. Ich bin nämlich sehr empfindlich, nehme Alles wörtlich, verstehe keinen Spaß und werde dann gleich unangenehm. Ich war eben wenig unter Menschen, besonders nicht unter Altersgenossen, und an Neckereien nicht gewöhnt. Meine Vettern haben alle ein bischen Angst vor mir und sagen: „Das Mädchen hat eine Zunge wie ein Schwert!" Ich mache es aber wie die großen Hunde: ich attackire nur die Starken und lasse die Schwachen in Ruhe; höchstens knurre ich ein bischen, ohne mich umzusehen und gehe meiner Wege. —

A propos, ich möchte wohl wissen, wie Mara Sie empfangen haben würde, wenn das Thier im Zimmer gewesen wäre. Ich verlasse mich immer auf meinen Hund und adoptire seine Sympathien und Antipathien mit blindem Vertrauen. Wie schade, daß er nicht da war! Wenn er die Cita= delle nicht vertheidigt hätte, so wäre die Uebergabe auf dem Fuße gefolgt. Ich ließ ihn eben an einem Briefe von Ihnen riechen und er wedelte. War es nun aus Sympathie, oder weil er hoffte, auch diesen zu zerreißen? Das habe ich nicht entdeckt und nun bin ich so klug, wie•zuvor. Meine Blinde hat Sie spielen hören und hat gesagt: „Des Meisters Hand lag auf den Tasten und die Saiten haben geklungen wie Liebe!" Das Ohr einer Blinden ist doch mindestens so fein, als des Hundes Nase. — Es ist wohl auch meine Schuld, daß Sie sich nicht zu erkennen gaben, ich ließ Ihnen ja gar nicht Zeit dazu.

Darum, mein Freund, gehen wir nicht mehr als brüllende Löwen um einander herum! Was übrigens den Steinberger betrifft, so hätte er Ihnen gewiß gemundet; wir haben recht guten, sogar Elser; der soll an meinem Hochzeitstag er= scheinen, warum weiß ich nicht, da ich doch Gott sei Dank nicht im Jahre elf geboren bin! Bis dahin dürfte sich noch manches Spinnweb auf die Flaschen lagern. Ich tauge nicht in die Ehe, denn ich kann mich nicht beugen unter des Meisters Hand! Nein, o nein, nie! Wenn ich nur daran denke: Du sollst Deinem Mann gehorchen, so schüttle ich mich ordentlich!

Ulrich.

Allergnädigste!

Also dennoch! Ich hatte es wirklich nicht ge= hofft, daß Sie so groß, so gut wären. Als der 6. Mai vorbeiging, an dem ich eine Antwort hätte haben können, redete ich mir ein, ich hätte sie nicht erwartet. Gegen Abend aber stieg ich die Treppen hinauf in die Wohnung meiner Eltern, die seit fast 20 Jahren genau so erhalten wird, wie die Theuern sie verlassen. Dort habe ich mich auf einen Teppich geworfen und mir eingestanden, daß ich unverzeihlich gehandelt hätte. Wären Sie ein Mann, weiß Gott, ich hätte Ihnen an dem

Abend telegraphisch meine Beschämung zu Füßen
gelegt. Sie aber wollten mich wohl noch mehr
zerknirschen? Darum kam heute solch einzig güti=
ger Brief. Wenn ich je anders an Sie gedacht
hätte, wie an eine jener Lichtgestalten, welche nur
als Ironie auf diese Welt, unter uns Sterbliche
kamen, so würde ich es Ihnen heute abbitten.
Aber ich habe es nie gethan. In meinem Innern
lebt mehr als ich je in Worte fassen kann, für
Sie etwas ganz Unpersönliches, was der rauhe
Mann sich selbst nicht erklären kann, da es nicht
in seine Theorien paßt. Ich hoffe nur Eins, daß
ich die Stunde nicht erlebe, wo unsere Erde Sie
nicht mehr trägt; das ist das Einzige, was ich
persönlich verlangen möchte. Wie Sie in mein
Leben gekommen sind, das können Sie auch nicht
ahnen. Oft fährt es durch meinen phantastischen
Kopf, wenn ich eine liebe Zeile von Ihnen habe:
„Jetzt schieße Dich todt, denn einen glücklicheren
Augenblick giebt es nicht für Dich!" Aber ich
suche ja nicht das Glück auf Erden. Trotzdem
habe ich wohl auch früher Glück gekannt, wenn
ich irgend einen neuen Gedanken fand, wenn ein

begabter Student nach einem Colleg mir besonders
dankte, wenn das Meer an den Strand von
Stubbenkammer anschlug, wenn ich im Louvre vor
der Venus saß, — aber in diesen Glücksmomenten
war meine eigene Individualität verloren, ich
wußte nicht, ob ich es noch wäre, ob ein Anderer.
Kommt aber ein Brief von Ihnen, dann weiß ich
wohl, daß ich, ich selbst es bin, der sich freut, —
drum werde ich dann meistens so unbändig.
Doch wozu Ihnen die Bekenntnisse machen, viel=
leicht verletze ich Sie mit ihnen.

Nein, kleine Prinzessin, Sie hatten vollkommen
recht mit Ihrem bösen Briefe. Ich würde z. B.
einen Mann verachten, von dem ich erführe, daß
er sich in ein fremdes Haus eingeschlichen. Aber
ich verachte mich ja auch, wenn ich mich nicht
grade zufällig anbete. Doch ich mußte zu Ihnen
nach Rauchenstein kommen, ich mußte es, damit
beruhigte ich mich selbst. Ich hatte erst meinem
Willen, den ich mehr achte als einen Neben=
menschen, gut zugeredet, er sollte sich darauf ver=
legen, Sie zu mir zu zwingen. Er sagte nein,
das wäre über seine Macht, obgleich er sich sonst

viel Gewalt über Sie zutraut. Verzeihen Sie, aber ich wüßte wirklich nichts, das meinem wirklichen Willen widerstünde!

Ja, die Musik. Ich spiele oft die Nächte durch. Aber ich möchte nicht, daß Sie mich einmal an meinem Flügel sähen. Es ist etwas Irrsinniges um den Mann, der in Tönen das Räthsel lösen will, das ihm die Worte vorenthalten.

Wissen Sie, daß mich an Ihrem bösen, vorletzten Brief Eines freute? Sie sind gar nicht „Mädchen", es interessirte Sie nicht, was ich zu Ihrer „kleinen Person" gesagt! Ich hatte auf die Neugier gebaut, um Verzeihung zu erlangen. Sie sollten fragen, wie Ihre Erscheinung auf einen Fremden wirkt. Da Sie nicht gefragt, sollen Sie es auch nicht erfahren, — obgleich ein Professor der Aesthetik wohl ein Recht hätte, mitzureden. Oh, Kind, ich würfe meinen ganzen Kunstkram fort für die Lösung metaphysischer Probleme. Ich muß das Warum finden, ich sterbe auch nicht eher, dieser Drang soll die irdischen Atome zusammenhalten, bis er selbst erstirbt. Aber was war eher in der Welt, Körper oder Geist?

Verzeihen Sie, kleine gnädige Göttin, der

Frühling ist's, der Frühling mit den blauen Wunderaugen, der mich so erschüttert.

Gestern, als ich dachte, ich hörte nie mehr von meiner Holden, ging ich in den Hain, aber überall traf ich Menschen. Schließlich blieb ich im ärgsten Schwarm bei der Bude, wo Militairmusik unter den alten Bäumen spielt; doch erst als es zu regnen anfing, wurde mir wohl. Was so ein Regen der Phantasie nachhilft; ich hatte einen ganzen See auf dem breitkrämpigen Hut aufgefangen. Es kam aber kein Kastellan, der mir sagte, wir würden schöne Pfingsten haben, nur eine Mama von drei hübschen Töchtern, die fürchtete, ich könnte mich erkälten. Ich beruhigte sie.

Denken Sie nur, Ulrich, ich habe auch einen Hund, der heißt Mohr, weil er so eifersüchtig ist, und er schläft immer neben meinem Bett. In Greifswald heißt es, ich könnte nie heirathen, Mohr würde die Frau todtbeißen. Ich kenne Mohr besser, — er würde sich ruhig hinlegen und daran sterben. Mara würde mich also nicht angebellt haben, sie hätte gemerkt, daß ich ein Hundefreund. Heute habe ich über diesem Brief geraucht, damit sie meinen Tabak kennen lernt, — ich scheine ja hauptsächlich für sie zu schreiben. Ach, mit Mara würde ich schon fertig werden, nur mit ihrer Herrin nicht so leicht.

Ulrich's devoted friend

Bruno.

Nehmen Sie sich in Acht, mein Freund, sonst fange ich an mir einzubilden, meine Briefe machten Ihnen Freude. Es ist etwas so Einsames, Leidensvolles in Ihrem Briefe, als wären Sie noch nie froh gewesen. Und in einem frohen Augenblick denken Sie an Todtschießen, und weil sich ein anständiger Mensch einer solchen Handlung schämt, gehen Sie in die öden, ausgestorbenen Zimmer der Einzigen, die Ihnen auf Erden nahe gestanden! Wenn ich nicht ein Knabe wäre, weiß Gott meine Augen würden feucht! Haben Sie denn Niemand — Niemand? Können Sie Keinem sagen: „Laß mich Dich erfreuen, denn ich bin eben so glücklich!"

9*

Mir ist einmal etwas Wunderschönes begegnet.
Man hatte mich innig erfreut, so sehr, daß ich
hinaus mußte, in die freie Luft. Es war in
irgend einer Stadt, in der ich ziemlich fremd war.
Da stand eine Kirchenthür offen und ich trat ein,
ging bis vor den Altar und dachte: „Lieber Gott!
ich bin eben so glücklich! laß mich Jemand froh
machen!" Als ich wieder hinausging, sah ich
einen sehr anständig gekleideten, unendlich bleichen
Mann auf dem Steine knien. Ich trat schüchtern
auf ihn zu und frug: „Sind Sie vielleicht krank,
mein Herr? Sie sehen so leidend aus!" — „Ich
habe seit drei Tagen nichts gegessen!" — Sehen
Sie, Sie Kleingläubiger, der liebe Gott hatte mein
und sein Gebet gehört und mir auch den Muth
in's Herz gegeben, den Fremden anzureden, in der
großen, fremden Stadt! Ach! ich meine, ich müßte
Ihnen meinen großen, starken Kinderglauben in's
Herz hinein hauchen oder singen oder schauen.
Denn Reden hilft gar nichts. Reden ist kalt.
Man ist auch nie so schrecklich allein, wenn man
Gott bei sich hat, dann braucht man sich nicht
todtzuschießen, denn er hilft sogar die Freude
ertragen. O wenn Sie wüßten, wie gern ich allen

Menschen helfen möchte! Und meinem Freunde
soll ich nicht helfen können? Ich weiß schon wie
es sein wird, wenn Ihr Wille mich in Ihre Nähe,
oder mein Wille Sie in meine Nähe gezwungen
haben wird: wir werden sprechen, sprechen ohne
Ende. Denn in den Briefen kann man nur Alles
andeuten und es giebt Mißverständnisse, die ein
Lächeln verwischt haben würde, hätte man es nur
gesehen! Vielleicht wird es Ihnen wohler, wenn
Sie mir schreiben, denn dann wissen Sie gewiß,
daß Sie Freude machen! Ich habe mich früher
oft sehr einsam gefühlt; das wage ich gar nicht
mehr zu denken, seit ich Ihre Einsamkeit kenne.
Die ist ja wie der Ocean so groß! — Man
spricht immer von Waldeinsamkeit; es giebt kein
unwahreres Wort. Erstens steht im Walde Baum
an Baum, in inniger Umschlingung, in fort=
währendem Zwiegespräch, in gegenseitiger Unter=
stützung bei Sturm und Wetter. Es giebt gar
nichts weniger Einsames als den Wald mit seiner
Fülle von lebenden Wesen. Es gehört das Alles
zusammen, es greift Alles ineinander und wir
thörichten Menschen nennen das Einsamkeit, weil
wir es nicht verstehen.

Meine sogenannte Einsamkeit wird zu Himmelfahrt für einige Tage eine Unterbrechung erfahren: ich erwarte den Besuch von einigen Cousinen
und bin darüber in gespanntester Aufregung.
Mein Vater sagte: „Ich hätte Dir Deinen Professor
eingeladen, wenn Ferien wären." „Er kommt zum
Musikfest und will sich Dir dort vorstellen, Vater."
Sie werden doch kommen! Mein Vater behauptet,
ich wolle dort Musik kneipen, da ich den Gürzenich nicht zu verlassen gedenke, so lange ein Ton
von Probe oder Konzert dort zu hören ist. Und
da Sie ein Musiker mit Leidenschaft sind, so
werden Sie es wohl ebenso machen? —

Ich glaube, mein Vater hat die Cousinen eingeladen, damit ich's bis dahin aushalten kann und
nicht so aufgezehrt bin vor Aufregung, daß nichts
mehr übrig bleibt. Ich renne fortwährend Trepp
auf, Trepp ab und sehe hundertmal nach, ob Alles
in Ordnung ist. Morgen ganz früh hole ich ein
paar Zweige Lila's, Goldregen und was es sonst
noch Schönes giebt und dazu junge Eichenblätter,
mit den rothen Spitzen. Ob sie wohl Freude
haben an Blumen? Ob sie wohl denken werden,
daß es mir Selbstüberwindung gekostet, sie zu

pflücken? Ich kenne sie so wenig. Die Eine ist schön, und die Andere gescheidt, sogar sehr gescheidt und neckte mich früher, bis ich ganz verlegen wurde. Ob sie sich wohl ebenso freuen wie ich? In größerer Aufregung können sie unmöglich sein. Meine Blinde sagt: „Du giebst zu viel! Du giebst viel mehr als Du bekommen kannst!" „Desto besser, Uhlchen! Bekommt die Sonne etwas zurück von all ihrer Wärme?" „Wer weiß! Du aber wirst nie das bekommen, was Du hoffst; Du wirst oft Steine erwärmen, und wenn Du sie den ganzen Tag beschienen hast, so werden sie am Abend so kalt sein, wie zuvor." Uhlchen hat keine sehr gute Meinung von der Welt. Meine Großtante nimmt die Welt von ihrer heitersten Seite, sagt, sie könne sie ja doch nicht ändern und sie sei ganz schön und gut, wie sie sei. „Ihr seid nur so schrecklich ernst, das war in meiner Jugend anders." Ich erzählte das Uhlchen; die nickte mit dem Kopf und sagte: „Ja, ja, sie waren von Haus und Hof verjagt, aber sie tanzten doch und machten Charaden und waren so leichtsinnig, wie der Tag lang war; freilich kamen auch selten Nachrichten."

Wenn man sich vorstellt, man sollte sich amü-
siren, während in Frankreich die große Revolution
im Gange wäre, mit den Depeschen, die jede
Stunde die Greuel verkündeten. — Sie haben
zwar behauptet, wir lächelten und äßen Bonbons
und erzählten uns dabei von den aus Hunger
Erhängten! Ganz so schlimm sind wir doch nicht.
In unserer Nähe passiren solche Dinge gar nicht,
denn wir ließen es nicht so weit kommen. Wir
kennen ja Jedermann, auf Meilen in die Runde.
Ich werde gerufen zum Inspiciren der Zimmer.

Ulrich.

Nein, mein jugendlicher Freund, ich habe Niemand, und ich will auch Niemand haben. Wenn ich jemals Einen gewönne, wäre es nur, um ihn mit Schmerzen zu verlieren, denn Keiner hält, was er mir zu versprechen schien. Das ist nicht die Schuld der Menschen, die ja eigentlich ganz gutartige Thiere sind, sondern die meine. Mich interessirt ein Mensch nur so lange ich hoffen kann, daß er mir überlegen ist; sowie ich ihn ergründet, — was leider schnell geschieht, — ist er mir so viel werth wie eine Glaskugel. So geht es mit Männern und Frauen. Denn auch von der letzteren Abart des Menschen habe ich viele Proben gekannt. Man wird nicht ungestraft beinah Dreißig und treibt sich in so vielen Ländern herum! Viele haben meine Neugier gereizt, Keine sie befriedigt; die Meisten langweilten mich schon bei der zweiten Begegnung. Eine Frau aber, die nicht in jeder Stunde neu geboren wird, die mir nicht täglich neue Räthsel aufgiebt, könnte mein Interesse nicht bewahren Darum ist mir nie der Gedanke mich zu vermählen durch den Sinn gegangen. Menschen meiner Art dürfen nicht heirathen, sie machen sich und Andere nur unglücklich, sie müssen sich sogar vor der Liebe hüten, — die könnte tödtlich wirken. Sterben darf ich z. B. aber erst, wenn ich meinen Namen an ein Sternenzelt geschrieben.

Wie hübsch Sie das Kennenlernen beschreiben, Kind! Dabei gehe ich wahrscheinlich nicht nach Cöln. Es ist mir allerhand dazwischen gekommen. Im Uebrigen, meine Gnädige, würden wir uns nichts zu sagen haben, falls wir uns einmal im Leben begegnen sollten. Höchstens werden Sie mich fragen, ob meine Reise staubig war, oder ob es in's Fenster geregnet hätte. Darauf wenden

Sie sich entschuldigend zu Ihrem fürstlichen Gatten (der Kukuk hat Ihnen denselben ja schon in Aussicht gestellt) und sagen: „Der Herr Professor ist mir nämlich aus seinen Schriften schon vortheilhaft bekannt." Ich aber, ich werde Sie etwas unverschämt von oben bis unten mustern, was ich leider bei meinem kurzen Rauchensteiner Besuch versäumt, — obgleich ich mir fest vorgenommen hatte, auch die Nummer Ihrer Stiefel festzustellen. Innerlich werde ich Sie darauf für „ganz passabel" erklären, und damit ist die Sache erledigt. Nur nicht romantisch, Ulrich, oder gar sentimental! Was sollten wir denn so viel zu sprechen haben? Außerdem ist „Reden" ja „kalt", sagt der kleine Widerspruchsgeist. „Einhauchen", „einsingen" oder „einschauen" will er mir das Glück. Das möchte einem so grobkörnigen Manne wohl schon eher zusagen! Wie gut, daß ich Sie nicht beim Wort nehme! Wie denken Sie sich z. B. das „Einschauen"? So wie die Kinder unter einander sagen: Wir wollen doch sehen, wer des Andern Blick am längsten erträgt? All die kleinen Dummjungen=Späße! Es müßte allerdings ein göttlicher Spaß sein, einen Grünschnabel in diese einzuweihen, aber es ist doch unter der Würde eines „Sozialdemokraten". Manchmal, wenn ich nichts zu denken habe, wie im Colleg, während ich begeistert rede, stelle ich mir vor, wie schön doch die langweilige Täglichkeit wäre, wenn „Ulrich" ein wirklicher Ulrich wäre, den ich auf meinem Knie schaukeln könnte. Ich würde ihm jedesmal wenn ich nach Hause käme, eine Peitsche, eine Pferdeleine oder sonst etwas mitbringen; jetzt sehe ich an „Onkel Jahn's" miserablem Schaufenster sogar täglich nach, ob irgend ein neues Spielzeug aus Nürnberg eingetroffen. Anstatt aller übrigen Erziehung würde ich dem Knaben Ulrich immer vorreden, bis er's glaubte: „Vertraue Keinem, — nicht einmal mir, häng Dein Herz an nichts, dann wirst Du nie leiden." Leiden thut nämlich weh, Kleiner! Mir haben die Eltern nicht früh genug solche Medicin gegeben, ich habe etwas vom Krankheitsstoff des Gefühls behalten. Mein Knabe sollte heil durch's Leben kommen; „mein" Knabe, einen eignen möchte ich aber nicht haben. Doch die Störche — Sie glauben hoffentlich an die Störche? — fliegen auch immer über mein Haus fort zum Gegenüber da hat der Rathsdiener gestern sein elftes Kind bekommen. Ich schickte ihm dazu drei Flaschen Champagner, Miene fand das aber unpractisch und kramte sonst noch etwas zurecht.

Ihre Blinde ist eben eine Blinde, — die ich zwar allen Grund habe anzubeten — wenn sie sagt: „Sie geben zuviel." Ulrich weiß gar nicht was viel ist, geschweige denn „zu viel". Das weiß ich ganz allein, leider. Finge ich einmal an zu geben, überschwemmte ich die Erde, und Sie, Kind, Sie erstickte ich. Aber haben Sie keine Angst. Ulrich und zuviel! Sie wagen ja nicht einmal in der Correspondenz mit Ihrem Mentor ein liebes Wort durchblicken zu lassen, Sie geben nichts und lassen den Anderen auch nichts nehmen. Mir macht übrigens das Nehmen stets mehr Freude als das Beschenktwerden. Ich möchte wohl einmal einen etwas trotzigen Ulrich vor mir haben und seinen Herrn spielen. Zum Beispiel so: ich liege in meiner Sofaecke und sage ihm: „Nun komm ganz nah zu mir heran." Er will natürlich nicht, darauf wiederhole ich meinen Befehl, ohne die Stimme zu erheben, sehe ihn aber an, so daß er kommen muß. „Willst Du mir einen Kuß geben?" frage ich ihn. Er sagt natürlich „Nein". Darauf nehme ich ihn mir, und das ist ein ganz Theil besser, weil die Zeitdauer und die Anzahl des Verweigerten dann von mir abhängt. Aber lassen wir den Unsinn.

Daß Ihre Cousinen (was für Prinzessinnen sind denn das?) zum Besuch zu Ihnen kommen, ist mir höchst unangenehm. Ich weiß zwar nicht warum, vielleicht aus der Vorahnung, daß ich nun lange auf eine Antwort warten muß. Außerdem ist mir die Vertrauensseligkeit junger Damen zu= wider, da werden alle meine Briefe vorgeholt, durchgehechelt und belacht. Ach nein, doch nicht, ich bin ja ein Plebejer, dessen man sich schämt; wäre ich der regierende Fürst X!!

Für mich pflückt Ulrich natürlich keine jungen Eichenblätter mit rothen Spitzen! Dabei stehen die Eichen hier noch ratzekahl. Sie warten, bis ich einen Eichenkranz verdiene, um sich zu belau= ben. Da müssen sie lange warten! Wenn Uhl= chen meint, die Steine, die Sie den ganzen Tag bescheinen, seien am Abend noch so kalt wie zuvor, so wechseln Sie doch einmal das Erdreich und wenden Sie sich an's Meer. Ich glaube, der Greifswalder Bodden wäre am ersten Abend schon ausgetrocknet. Der Fischfang!!

Ihr böser Freund

Br. H.

Aber ich bin gar nicht räthselhaft, mein Herr Oedipus, an mir ist nichts zu entziffern, da ich so einfach bin, wie das Einmaleins. Warum schreiben Sie mir denn? Ich muß Sie ja schon längst zum Sterben langweilen. Und aus Langeweile kommen Ihnen tyrannische Gedanken! Oho! zum Zwingen gehören aber denn doch zwei, Einer der will und Einer der gewollt wird. Ihr Freund Ulrich sagt aber: „Kein Mensch muß müssen!" Die Freiheit, die er den Andern gönnt, fordert er für sich. — Hüten Sie sich ja, nach Cöln zu kommen; denn das wäre ja schon die zweite Begegnung, bei der ich das Unglück haben muß, Sie zu langweilen, aller Unglücke größtes, aller

Leiden unerträglichstes! Und das soll ich meinem
Freunde zufügen? — Nein! kommen Sie nicht
nach Cöln! Sie haben Recht: Mit dem Kennen=
lernen ist das eine gefährliche Sache. Ich habe
das in den letzten Tagen erprobt. Die jungen
Eichenblätter wurden gar nicht angesehen. Dafür
klebe ich sie Ihnen rings um den Brief. Sind
sie nicht entzückend? Die Blumen wurden auf
den Gang gestellt, weil sie zu stark rochen, die
Vorhänge vor der Sonne heruntergelassen, weil
sie den Teint verdirbt und zwei englische Romane
hervorgeholt und mir angeboten. Ich wurde
schrecklich ausgelacht, als ich sagte, mein Vater er=
laube das nicht, und es wurde mir nicht, aber
durchaus nicht geglaubt, daß ich es noch nicht heim=
lich gethan. Denken Sie einmal: Ulrich und
heimlich! Pfui! — Ich war so beleidigt, daß, als
sie mich frugen, womit ich mir die Zeit vertriebe,
was ich thäte den ganzen Tag — ich antwortete:
Nichts! und als sie mich noch mehr quälten, sagte
ich: „Ich laufe auf den Treppen herum!" Dieses
Anstarren und Achselzucken! ohne Gouvernante,
ohne Kammerfrau auf den Treppen herum! Wie
unanständig! So was würden ihnen Mama nie

erlauben! Da frug ich sie, ob sie es noch nie heimlich gethan; sie kniffen mich in die Backen und sagten, ich sei zu unartig! Und das ist der Besuch, auf den ich mich so kindisch, so unbändig gefreut! Als Hauptspaß bat ich mir Abends aus, die erste Nacht bei meinen Cousinen schlafen zu dürfen. Man legte mir eine Matratze auf die Erde, und ich bat sie, sie bedienen zu dürfen. Ich kämmte ihre Haare, ich zog ihre Schuhe aus. Das Alles dauerte bis ein Uhr Nachts, unter lauter Späßen und Dummheiten. Die Kammerfrau wurde erst für 8 Uhr befohlen. Ich dachte natürlich, man zieht sich allein an. Wirklich schlief ich, trotz meiner Aufregung, bis 4 Uhr; dann aber saß ich wach im Bett und wartete, ob sie nicht die Augen aufmachen würden. Es wurde 5 Uhr; die Vögel sangen so laut; aber bei uns war dunkle Nacht, hinter festverschlossenen Läden. Als es sechs schlug, flogen alle meine Pulse. Da wachte die Eine auf, sah auf die Uhr, sagte „Gott sei dank! noch zwei Stunden!" und schlief direkt wieder ein. Ich wartete bis gegen 7 Uhr; dann aber schlich ich hinaus, hinauf; mir war es zum Ersticken, besonders als ich sah, wie

schön die Welt, von der ich ausgeschlossen gewesen.
Fast hätte ich geweint. Ich las meinem Vater
geschwinder vor und Uhlchen kürzer, so daß ich
nach ½10 mit Allem fertig war. Die Kinder
hatte ich verabschiedet. Ich will nicht lächerlich
sein. Ich dachte, ich würde mit meinen Cousinen
im Wald herumlaufen; sie wollten aber lieber das
Schloß sehen, besonders meine Wohnung. Das
war wieder nicht sehr angenehm, denn es kam
ihnen Alles so sonderbar vor, und Alles was mir
Freude macht, mißfiel ihnen. Die Linde machte das
Zimmer dunkel; ihre Blüthen röchen zu stark; vor
den Bienen fürchteten sie sich; die Aussicht finden sie
melancholisch, die Bücher pedantisch, mein Brief=
papier unelegant, ohne Schwalben und Käfer und
Schattenrisse. Im übrigen Schlosse wurde es ihnen
gruselig. Der Rittersaal mit den Kreuzgewölben,
Säulen und bunten Fenstern imponirte ihnen, sowie
das Burgverließ und die Marterinstrumente. Sie
wollten eine genaue Beschreibung haben von der Art,
wie sie angewandt wurden. Ich sagte ihnen, mein
Vater habe sie nicht mehr gebraucht und dadurch
hätte ich keine Erfahrung in dieser Richtung. Sie
wollten sich gar zu gern schaudern; deshalb frugen

sie gleich, ob es hier nicht umginge; ich sagte
natürlich Ja; denn ein Schloß wäre gar nicht
respectabel ohne Gespenster, es verlöre an Würde
und Ansehen. Ich zeigte ihnen ein Bild, das
Nachts aus dem Rahmen steige, und vor Uhlchens
Zimmer machte ich ihnen große Angst; ich sagte
ihnen, wenn man die Thüre aufmacht, sieht man ein
steinaltes Weib da sitzen, das sich gar nicht rührt.
Zum Spazierengehen waren sie vor der Nach-
mittagskühle nicht zu bewegen, und dann nur
kurz. — Den anderen Tag war Himmelfahrt und
nach der Kirche wurde eine schöne Landparthie
gemacht, aber immer wenn ich dachte, sie würden
überrascht sein, so sahen sie gar nicht hin, sondern
erzählten mir den letzten Roman, den sie gelesen,
aber so confus, daß ich nicht viel davon verstand.
Es war eine große Liebe, von der Niemand
etwas wissen durfte, und gegen die Jedermann
war und Ohnmachten und Thränen und Heimlich-
keiten und endlich kriegten sie sich. Ich dachte
wozu man wohl so ein langes Buch schreibt, von
dem das Interesse auf der letzten Seite steht und
warum in Romanen immer nur von Liebe die
Rede ist; es giebt doch noch eine Menge von

anderen Dingen, die man gut beschreiben könnte.
Ich finde man sollte einmal einen Roman
schreiben, der wie das Leben wäre, mit allen
Mühen und Sorgen und Mißverständnissen, die
auf die Trauung folgen. Das Leben hört doch nicht
auf am Altar. Ich sagte das; „O!" riefen meine
Cousinen, „dann lies Cranford von Mrs. Gas-
kell, das handelt von lauter alten Jungfern!"
Es war nicht freundlich, das zu sagen, wo hier
so viele alte Jungfern sind; die Eine wurde auch
ganz roth, als die Andere es heraus hatte. —
Es kommt doch nur Alles darauf an, wie man
die Dinge ansieht. Ich bin hier zufrieden und
glücklich und die Cousinen nennen Rauchenstein ein
Eulennest. Sie zupfen immer an mir herum,
kritisiren meine Kleider und Hüte, meine Frisur
und was weiß ich noch. Sie haben mich sogar
frisirt. Aber mein Vater schickte mich gleich fort
und sagte, ich sähe aus wie eine Vogelscheuche.
Ich war froh die Spieße, genannt Haarnadeln,
wieder los zu sein. Und es hatte so lange gedauert, das Gebäude zu machen; mir kribbelte es
schon in allen Gliedern. Wo würde ich die Zeit
hernehmen, so etwas zu machen! Ich sagte ihnen,

ich sei Landconfect und es sei ganz umsonst mich städtisch zuzustutzen. Sie sehen doch viel mehr Menschen als ich und müßten an ihre Verschiedenheiten gewöhnt sein; trotzdem wundern sie sich mehr über mich, als ich mich über sie wundere; ich könnte sie gar nicht so mustern und zupfen und kritisiren. Sie finden mich originell, denken Sie nur, originell! Wären sie nicht meine Gäste, ich wäre grob geworden; ein Original ist doch ein Wesen, bei dem es im Oberstübchen nicht ganz richtig ist; wenigstens so verstehe ich es. Denken Sie nur, was passirte, wenn ich ihnen sagte, daß ich Schullehrer bin und mit einem Gelehrten correspondire! Die Wetterau, der Vogelsberg und der Odenwald würden davon hören und ich wäre, für ewige Zeiten ein Blaustrumpf! — Warum läßt man nicht die Menschen wie sie sind. Mir ist jede Persönlichkeit heilig, vollberechtigt und interessant.

Es kam auch ein gemeinschaftlicher Vetter von uns. Den guten Jungen habe ich furchtbar geneckt, weil er sich für die Andern schön geputzt hatte, mit Damenscheitel und einer Rose im Knopfloch und ihnen Complimente machte über ihre Schönheit, ihre

Haare, Zähne, Kleider. Bei mir hat er das
noch nie versucht; er wäre nur ausgelacht worden,
oder hätte eine Ohrfeige davongetragen. Ich finde
es eine Beleidigung, einem Complimente zu
machen; das heißt auf deutsch: „Weil Du doch keine
Grütze im Kopf hast, behandelt man Dich wie ein
Pferd oder einen Hund, spricht von Deiner Haar=
farbe, Gangart, Zähnen und Temperament." Es
giebt sogar Thiere, die das nicht vertragen. Mara
blinzelt beleidigt mit den Augen und dreht den
Kopf weg, wenn man über sie lacht oder spricht.
Ich sagte meinen Cousinen, was ich dachte; die
sahen mich starr an und mein Vetter lachte so
furchtbar, daß ich ihm den Rücken klopfte, damit
er wieder zu sich käme. „Ulla! Du bist coquett
wie eine Kuh!" schrie er. Es war sehr komisch.
Sie können sich das vorstellen. Die Mädchen piquirt,
ich erstaunt und unbehaglich und mein Vetter in
Lachkrämpfen, das Alles über eine ganz natürliche
und unschuldige Reflexion von mir. Mir ist es
oft, als hätte ich Schleier vor den Augen. Ich
verstehe nicht, worüber die Leute lachen und weiß
nicht, was sie meinen mit ihren Reden Ich ant
worte ganz einfach auf das, was ich höre und

nachträglich merke ich, daß irgend ein geheimer Sinn dahinter war. Dann werde ich für mich ganz allein roth und frage mich, was die Andern wohl aus meinen Worten construiren werden. Was meinen Sie z. B. mit dem, daß ich nicht weiß, was Geben ist, daß ich überhaupt gar nichts gebe. Ich kann nicht verstehen, was das heißen soll. Was soll ich denn geben? — Eine der Cousinen sagte: „Man fühlt sich doch immer unverstanden!" Ich antwortete: „Wenn ich deutsch rede begreift mich Jedermann, ich verstehe nur manchmal die Andern nicht!" „Du bist aber auch zu antibiluvianisch!"

Es muß wohl wahr sein, denn die Bücher nehmen mir die Schleier nicht fort, und die Leute, die gewiß nicht gescheidter wie ich sind, scheinen das Inwendige von den Sachen zu verstehen, die mir verschlossen sind. Wenn ich sie einmal öffnen werde, wird es mir so gehen, wie dem Jüngling von Sais? — Die Andern sterben doch nicht am Wissen. Ich weiß nicht einmal, wie ich suchen soll. Ich sagte es meinem Vater, der streichelte mir die Haare und antwortete: „Was Dich der Wald nicht lehrt, das brauchst Du nicht

zu wissen!" Ich sagte es meiner Großtante; die
schmunzelte ganz fein und antwortete: „Rühr's
nicht an, Kind — es brennt!" Ich sagte es Uhl=
chen, die wurde sehr ernst und sprach: „Es kommt
ein großer Lehrer, der heißt ‚Liebe‘; der macht
Dir die Augen auf mit einem Schlag und Du
bleibst hellsehend für's ganze Leben!"

„War er Dein Lehrer, Uhlchen?"

„Ja, er war ein harter Zuchtmeister, dessen
Hand mich zerschmettert hat!"

„Ich will lieber dumm bleiben, Uhlchen!"

„Ja, Kind, danach fragt Dich Niemand, ob Du
dumm bleiben willst, oder ob Du den Lehrer haben
möchtest; der kommt ungerufen, wie die Sonne,
wie die Gewitterwolke, wie der Sturmwind, Nie=
mand weiß woher, noch was er aus Dir machen
wird, noch wie er Dein Leben gestalten wird. Was
Dir am liebsten war, wird Dir fremd, und was
Du nicht kanntest, das wirst Du begehren; was
Dich erfreut, wird leidvoll sein, und was Du
nicht ahntest, Dein höchstes Glück!"

„Uhlchen, ich will nicht! ich fürchte mich! ich will
unter Deine Flügel kriechen! Verbirg Du mich!"

Ich kann Dich nicht bergen, er ist nah!"

Sie glauben nicht, wie bange mir wurde! ich habe doch sonst kein zaghaftes Herz; aber es zittert nur so, denn, die so gesprochen, haben graue Haare und viele Falten und seufzen oft. Ich will nicht seufzen, ich will leben! —

Was mögen Sie nur zu alle Dem sagen, was ich da schreibe? Ich bin so confus die letzten Tage, wie die Luft vor dem Gewitter, wie die Vögel vor dem Sturm. Alles ist Anders geworden. Ich schaue in einen dichten Nebel und meine, hinter dem Nebel ist nicht mehr die alte Landschaft, die ich kenne wie das Vaterunser, sondern etwas ganz Neues, das ich noch nie gesehen habe. Ich habe so oft versucht mein Herz zu fühlen, wie es klopft und habe es niemals finden können, und jetzt schlägt es oft ganz hart zwischen den Zähnen. Ich glaube, das böse Uhlchen ist dran Schuld, mit seinen schrecklichen Prophezeiungen. Ich will ihr nicht glauben und glaube ihr doch und möchte das Schwere von mir herunterwälzen, wenn ich es nur sehen und fassen könnte. Es ist wie ein fortwährendes schlechtes Gewissen und ich habe doch nichts Böses gethan?

Ihr kleiner, dummer Ulrich

Greifswald, den 26. Mai 1863.

Hoher Freund!

Kennen Sie das Parfüm Ihres Papiers? Ich habe mich eben daran berauscht; ich schloß die Augen und steckte mein ganzes Gesicht in die Blätter — nicht etwa die Eichenblätter, welche den ersten Bogen so schön umkränzen. (Uebrigens hoffe ich, daß es für mich gepflückte und nicht etwa secondhandige sind, welche die Cousinen verschmähten?) Und da zogen dann die Erinnerungsbilder an mir vorüber, hauptsächlich an den Regentag, wo ich in ein halbbeschattetes Zimmer drang. Eine starke Individualität hat nämlich die schöne Eigenschaft, alles ihr Gehörige mit sich

zu tränken, daher wirkt sie auch aus der Ferne,
z. B. durch den Duft des Papiers, über welches
ihre Hand glitt.

Daß Ihnen die prinzeßlichen Cousinen eine
Enttäuschung bereitet haben, ist mir außerordent-
lich angenehm. Aus vielen Gründen. Meine
männliche Arroganz sagt natürlich, daß ich zwischen
Ulrich und jenen Damen stand. Andererseits
freut es mich, da das Musikfest herannaht, daß
Sie an Enttäuschungen gewöhnt werden. Da
kann ich vielleicht auch so sachte mit unterkriechen.

„Kein Mensch muß müssen!" O, welch ein
Irrthum, Kind. Er „muß", von der Wiege bis
zum Grabe, und in dem Augenblicke, wo er aufhört zu „müssen", ist er irrsinnig oder todt.
Uebrigens ist ja Alles ein Wortstreit! Was
nennen Sie „müssen"?

Eigentlich gefällt mir aber Ihre Waldphilo-
sophie; sie vermeidet zwar stets „das letzte Wort";
aber wer leben will, muß ja flach bleiben. Aus
Selbsterhaltungstrieb tödtet die Menschheit ihre
Genies und Propheten, — Alles, was groß ist,
wirkt zerstörend. Da haben Sie einen Brocken
abgedroschener Lebensweisheit; also hüten Sie sich

und Ihr Geschlecht vor „Größe". Da ich kein „Geschlecht" habe, und auf meine eigene Person nicht
halte, könnte ich mir getrost „Größe" aneignen;
aber immer, wenn ich meine, allem Persönlichen
entsagt zu haben, bleibe ich mit dem Herzen an
irgend einem Haken hängen. Diesmal ist es ein
Roman. In letzter Zeit bin ich nämlich von der
Lyrik bis auf Romane gesunken, würde also bei
Ihrer Himmelfahrtsparthie haben am Gespräch
theilnehmen können. Da ist es mir allerdings
interessant, daß Sie meinen, man sollte einmal
einen Roman schreiben, der wie „das wirkliche
Leben" wäre. Herzenskind, den brauchte man ja
aber nicht erst zu schreiben! Uebrigens war schon
Flaubert (ein Franzose, Ulrich!) Ihrer Meinung
und schrieb L'éducation sentimentale. Sehr
schön, sehr wahr, aber kein Kunstwerk, ohne Ein-
heit, wie das Leben. Und warum man immer von
Liebe spricht? Weil sie eine gewisse Wichtigkeit
für die Menschheit hat. Außer der Ernährungs-
frage ist sie so ziemlich die Einzige, die sich gleich
geblieben, seitdem es Geburt und Tod giebt.
Das Andere wechselt. Und ein Künstler wird
unbewußt, immer nur von dem gepackt, das ewig

ist und die Mode überdauert. Na, ich eigne
mir wirklich ganz den Ton des Erziehers an.
Das macht, weil unsere Correspondenz dem Ende
naht. Nach einer persönlichen Begegnung haben
wir gegenseitig von einander genug. Da will ich
Ihnen vorher auch noch einen kleinen stilistischen
Rath geben: gebrauchen Sie nie das Wörtlein
„wie"; es setzt eine Art Gleichheit voraus, die
einer Hochgeborenen schlecht ansteht. Sie sind
gescheidter als die Leute (nicht wie). Immer
„als", was die Ungleichheit ausdrückt. Und nun
verzeihen Sie mir meine Impertinenz. Da Sie
mich aber einmal „Volksbeglücker" nannten, muß
ich vor Allem Fürstenerzieher sein; denn das Volk
beglückt ja nur ein weiser Fürst, nach Ihrer Meinung. Marterinstrumente haben Sie schon im
väterlichen Gewahrsam, was brauchen Sie also
weiter?

In meinem alten Hause geht es auch um, aber
meiner „niedrigen" Tradition entsprechend. Man
hört Kettengerassel aus dem dumpfen Keller. In
der Nacht, in der ich geboren wurde, war dies
Gerassel so stark, daß Miene das Entsetzlichste für
mich fürchtete. Auf meines Großvaters Kopf

hatte der große Napoleon eine große Summe ge=
setzt und fing ihn nicht! Vielleicht setzt ein kleiner
Fürst eine kleine Summe auf des Enkels Haupt,
— und fängt ihn doch! Dann will ich mit den
Ketten rasseln, daß die Felsen bersten.

Ulrich, wenn Sie ein Mann wären, wie wollte
ich Sie das Mittelmäßige, dem unsere Zeit zu=
strebt, hassen lehren. Aber das weibliche Geschlecht,
welches bei Ihnen stets zum Durchbruch kommt,
darf, muß und kann immer nur den Durchschnitt
lieben. Das Mittelmäßige stößt ja nie an, ist
weder heiß noch kalt, lau; und das Laue ist
bequem.

Ihr Uhlchen hat Unrecht, wenn es sagt, der
große Lehrer der Menschheit heißt „Liebe". Nein,
Ulrich, er heißt „Schmerz". Die Liebe verdichtet
die Schleier, von denen Sie sprechen, sie ist nichts
als ein farbenprächtiger Schleier selbst, welcher
die Dinge nicht ändert, aber alle, alle — das ist
das Gefährliche an ihr — verklärend schön färbt.
Nur der Schmerz giebt Klarheit, zerreißt die
Nebel, durch ihn sieht man das Ding an sich, so
weit es überhaupt sichtbar und seiend. Da aber
alles Große mit Schmerz einhergeht, Geburt

und Tod, so giebt es auch Eine Liebe, die sehr schmerzhaft, es ist die höchste. Vielleicht meinte „Uhlchen“ die?

Wenn Du, mein Sohn, einmal ein Mädchen liebst, wirst Du es vielleicht verstehen. Denn ich traue Dir wahrhaftig, obgleich Du Fürstenkind bist, zu, daß Du Ein Mal wahr fühlen kannst. Selbst wenn die kleine Welt keine Hindernisse Deinem Glück in den Weg legt, so thut es der große Himmel. Du wirst mit gewaltiger Verzweiflung fühlen, daß sie das Eine ist, Du das Andere bist, daß es der Brücken viele geben mag über die Kluft, die zwischen Mensch und Mensch besteht, aber daß es immer schwanke Brücken bleiben. Das Recht ihrer Natur ist ein anderes, als das der Deinen. Wenn Du den Schatten suchst, flieht sie zum Licht, und wenn sie da liegt und sich in Schmerzen windet, stehst Du daneben und vermagst nichts. Aber Sie müssen ernsthaft meinen, ich will Ihnen eine Vorlesung halten und dazu meinem Collegen von der Psychiatrik in’s Handwerk pfuschen.

„Kein Mensch muß müssen,“ sagt meine Prinzeß. Ich „muß“ heute aber ein bischen mall

(wie die Vorpommern für verrückt sagen) sein,
vielleicht weil ich die letzten Nächte nicht habe
schlafen können. Da thäte ich am Allerbesten,
Ihnen nicht zu schreiben; aber der Brief soll
Sie noch vor der Cölner Reise treffen, also heute
zur Post.

Früher kannte ich keine Entschlußlosigkeit; was
mir durch den Kopf ging, mußte geschehen, mochte
es biegen oder brechen. Diesmal schwanke ich
hin und her, wie die Binsen am Strand. Bitte,
lachen Sie mich nicht aus; es handelt sich um
meinen Ausflug nach Cöln, wegen solcher Lapalie
besinne ich mich. Ich würde ein Colleg aus=
setzen müssen, und einige Korrekturbogen blieben
liegen!! Sie verstehen, daß ich über diese
Schrecken sogar meinen gesunden Schlaf ver=
loren??!

Nach Rauchenstein ging ich mit unüberlegter
Sicherheit, und vor Cöln, wohin mich meine
Passion für Musik zieht, — besinne ich mich
wochenlang; gerade so viel Wochen wie zwischen
Ostern und Pfingsten liegen!

Wenn ich aber komme, Ulrich, verlange ich,
daß Sie mich erkennen, und mich wie einen

Freund aufnehmen. Wie sagten Sie früher ein=
mal: „Mit beiden Händen wäre ich Ihnen ent=
gegengekommen." Aber wenn schon der Teufel,
dem man einen Finger giebt, die ganze Hand
nimmt, — was nimmt Bruno Hallmuth, wenn
man ihm „die beiden Hände" reicht?

Zu ihren Füßen

B. H.

Mein Hermes!

Meine Augen haben sich noch nicht im Schlafe
schließen wollen, seit ich Deine Braut hin und so
trennt mich noch nichts von Dir, nicht einmal
ein Augenblick Schlaf! Ich habe die ganze Nacht
wach gelegen und dem tosenden Gewitter zugehört,
das nicht hat aufhören wollen. Der Donner rollte
fort und fort, und wenn er sich in einer Himmels-
gegend verzog, so kam er von der Anderen wieder
herauf; und jetzt rauscht der Regen durch die Linde
und prasselt gegen mein Fenster, als wären des
Himmels Schleusen geöffnet. Und in dem Auf-

11*

ruhr der Elemente klang mir tausendfältiger Jubel,
wie Sphärenmusik, und schrie und lachte Dante's
ganze Hölle, daß ich mich vermessen, glücklich, über=
menschlich glücklich sein zu wollen! Aber ich bin
übermenschlich glücklich! Ich will den Kampf mit
den Elementen aufnehmen, ohne Zagen und im
Ringen mit Ungeheuern es verdienen, des würdig=
sten Mannes gepriesenes Weib zu werden! Noch
schläft das ganze Schloß und weiß nicht, daß die
kleine Nebensonne vom Himmel verschwunden.
Und ich weiß, daß ich in 4 Stunden vor meinem
unbeugsamen Vater stehen werde und sagen: „Ich
bin Bruno Hallmuth's glückselige Braut!" Und
was wird dann geschehen? Das Schloß kann
doch nicht über mir zusammenstürzen? Aber der
Frieden, der tiefe Frieden der Kindheit ist für
immer dahin. Es kann nie, nie wieder sein wie
es war, und ich kann nicht mehr sein, die ich war;
denn ich bin Dein! Bruno, ich muß es noch ein=
mal schreiben: Ich bin Dein! Begreifst Du dies
unbegreifliche Glück? Der Himmel selbst begreift
es nicht, denn eben stand er in hellen Flammen,
und jetzt kracht ein Donner nieder, daß die Mauern
bis in die Grundfesten zittern. Und der Sturm

schleudert die Lindenäste gegen mein Fenster und
schüttelt sie, als müßte er den stolzen Baum ent=
wurzeln. Aber ein gesunder Baum ist nicht so
leicht entwurzelt; er trotzt den rasenden Feinden;
er biegt wohl die Aeste, er wiegt wohl die Krone,
aber, in den Fels gewachsen, steht er felsenfest.
Nicht wahr, Bruno, das war doch Deine Stimme,
das war nicht die neunte Symphonie, die mir von
Liebe sprach? Was ist das: „Liebe"? Liebe —
nun weiß ich's genau: Liebe ist ein Meer von
Harmonie und darauf eine riesige Flamme; in
der Flamme Hermes, der sagt: „Du warst mein,
von Anbeginn der Welt; wir haben ewig einander
gehört, wie die Sonne zum Himmel!" Die Liebe
ist ein Musikfest, mit zaghaften Proben, mit stür=
mischem Schluchzen, mit Kämpfen und Ringen und
einem jubelnden Schluß, aber einem Jubel, der
sich in zitterndes Säuseln verliert, wie in der
neunten Symphonie: „Seid umschlungen, Milli=
onen, ahnest Du den Schöpfer, Welt?" —

Du fährst jetzt dahin, immer weiter und weiter
von mir fort, wann werde ich Dich wiedersehen?
Ich muß von der Erinnerung zehren, aber die
Erinnerung ist ja unser einziger unantastbarer

unentreißbarer Besitz. Ich sehe Dich ewig herein-
kommen, am Morgen im Gürzenich, in der Probe
von Händels Messias. Ich hatte die Tante be-
redet, in der Nähe der Thür sitzen zu bleiben;
ich sagte, man hört besser von Weitem, und dachte,
man sieht besser von nahem. Lautlos ging die
Thür auf und leise kamen und gingen Menschen
ohne Ende. Man hörte nur himmlische Musik und
dazwischen Hiller's Taktstock unterbrechen und die
Bemerkungen seiner hellen, hohen Stimme, und
darauf — o Wonne! — die Wiederaufnahme der
göttlichen Stellen, die man gern noch hundertmal
gehört hätte. Ich wartete und wartete. Da ging
die Thür wieder auf und herein trat — Hermes!
Fast hätte ich's geschrien, so unglaublich war die
Aehnlichkeit mit meinem Traumgesicht, eine Aehnlichkeit, die mich an einem gewissen Tage hier,
am Clavier, bei der Bach'schen Suite, so zerstreut
gemacht, daß ich keinen Ton davon hörte. Böser
Hermes! — Die Götter kommen aber gern in
niederer Gestalt in die Hütten der Menschen! —
Er ließ seine Blicke durch den Gürzenich schweifen.
Nur mich sah er nicht; denn ich saß gegen das
Fenster. Mein Herz schlug ganz wild. Jetzt ging

er die Säulen entlang, fast bis an's Orchester,
dann verlor ich ihn in des Saales Halbdunkel
aus den Augen. Aber auf einmal tauchte er
links, an den Säulen der andern Seite, wieder
auf und kam gerade auf mich zu. Dann blieb
er stehen und ich flüsterte: „Professor Hallmuth?"
Hermes verneigte sich, wie ein Mensch, und ich
stellte ihn flüsternd Tante vor, die ihre schlaftrun=
kenen Augen weit aufriß, um gleich wieder einzu=
nicken. Und wir flüsterten, flüsterten, flüsterten,
und der Messias brauste über uns herein in
seiner ganzen Glorie und Majestät. Dann holte
uns mein Vater. Bruno! wie lieb war mein
Vater! Nicht wahr, Du wirst nie vergessen, wie
lieb er in den drei Tagen gegen Dich war, die
Tischgespräche und der Gang in den Dom, und
das Wandern durch die Stadt, in die Gärten, zu
den Thieren, und Abends, wo er sich zwischen
Tante und mich setzte, damit ich meinen Professor
neben mir hätte, der sich wirklich, Gott weiß wie,
den nächsten Platz erobert hatte. Aber Götter
thun ja auch Wunder. Und da hörten wir Stock=
hausen zu, und Frau Lemans Sherrington, wie
sie das Hallelujah hinausschmetterte, als jüngen

es alle die tausende von Menschen durch ihre
Kehle. Und durch mich brauste das Hallelujah,
als wäre ich zum ersten Mal froh in meinem
Leben, als lebte ich überhaupt zum ersten Mal.
— Und dann beim Thee, wie sprachen wir! Und
den andern Morgen, bei der neunten Symphonie! ·
O Hermes! Die neunte Symphonie wird die Ge=
schichte unsrer Liebe sein! Am Abend, vor dem
Schlußchor, war ich Dein für's ganze Leben, und
am andern Tage hörten wir die Musik gar nicht
mehr. Sie war nur noch die Begleitung zu dem
Hallelujah unsrer Herzen! Und wie geschickt waren
wir geworden, die Fortissimo's zu benutzen und zu
verstummen, ehe das Piano eintrat. Bei der Probe
am dritten Tage waren wir auch fast allein auf
der Bank am Fenster. Ich glaube, wir haben die
5 Stunden durchgesprochen, Bruno! — Und keinen
Augenblick konnte ich mehr schlafen; gestern Morgen,
bei der Abfahrt, wurde der Himmel so grau und
düster, als hätte er Mitleid mit unserm scheidenden
Glückstraum. Waren es nur 3 Tage, Bruno, 3
Monate oder 3 Jahre? — Ich will gern das
ganze Inferno durchwandern, um das Glück dieser
Spanne Zeit zu bezahlen, und wenn ich sterben

müßte, bevor ich wieder und für immer mit Dir vereint wäre. Ich könnte jetzt gleich, ohne Klage, todt sein, ich habe 3 Tage gelebt!

Das Gewitter ist vorüber, aber der Regen strömt fort und fort. Die Abkühlung ist so stark, daß die Fenster anlaufen. Der Zeiger rückt unerbittlich voran und mein Herz schlägt laut. Bruno, ich fürchte mich! Warum bist Du nicht bei mir mit Deiner großen Kraft. Warum hat mein Hermes nicht Flügel an den Füßen, warum nicht eine Tarnkappe, unter der er mir immer nahe sein könnte! Ach, ich habe Dich so lieb, so lieb; ich wünschte ich wäre die Sonne und könnte Dich in meine Strahlen einhüllen, ohne daß Du an sie denkst, ohne daß Du nur weißt, warum es um Dich hell und warm ist! Fürchte nichts für mich. Ich glaube an Dich wie an Gott und bin stark in Deiner Liebe!

Dein kleiner Ulrich.

Mein Alles!

Der große Sturm ist über mich hingegangen mit seiner ganzen Gewalt, aber Niemand hat etwas davon gemerkt. Mir war's, als wanke der Felsen, auf dem Rauchenstein gebaut ist, aber die Runde meiner kleinlichen Pflichterfüllung ließ mich nicht los; ich mußte der alten Tante heiter das Fest beschreiben, ich mußte vierhändig klimpern, Casino spielen und lächeln den ganzen Tag und mir war es doch, als drehte sich das Zimmer mit allen Gesichtern darin beständig um mich herum. O, es war grausam! Ich wollte Dir noch gestern Abend schreiben, aber ich konnte nicht. Es war

Alles so öde in mir, als wäre ich ein schwerer
Stein und die ersten Stunden habe ich tief und
fest geschlafen, um mit einem Gefühl von Schmerz
zu erwachen, wie ich es noch nie gekannt habe.
Ich habe geweint, geweint, ich glaube der Regen,
der immer noch wie ein kalter, grauer Strom
niederschießt, floß langsam gegen meine Thränen.
O Bruno, wie thut Weinen so weh! Nicht wahr,
Du willst Deine kleine Braut noch viel lieber
haben, weil sie für Dich leiden muß? Die
Mädchen, die von Göttern geliebt wurden, büßten
es oft mit dem Leben und wenn ich daran
sterben muß, mein Hermes, so war ich doch Dein,
so habe ich genug gelebt! Mein Stecken und
mein Stab! An Dir will ich mich aufrichten!
Zu Dir will ich mich emporranken und hinfort
soll keine Klage mehr meine Lippen entheiligen,
die Worte ewiger Liebe geflüstert.

Ich ließ ihn erst ruhig frühstücken und that
so, als frühstückte ich auch. Dann stand er auf
und ging in das Fenster; Du wirst wohl bemerkt
haben, daß die Mauern so dick sind, daß die
Fensternischen wieder kleine Zimmer für sich bilden.
Er stand und sah in den Regen hinaus und

rauchte. Und ich klammerte die Finger in einander und flehte zu Gott um Kraft und Muth. Endlich war der Wille stark, ich trat dicht vor ihn hin:

„Vater, ich habe Dir etwas zu sagen!"

„Ja, mein Kind, so feierlich?"

„Ja, so feierlich, mein Vater; denn es wird eine große Veränderung sein."

„Was hat sich denn in 3 Tagen so verändern können?"

„O, 3 Tage sind oft lang, sehr, sehr lang und entscheidend für's ganze Leben."

„Du machst mich neugierig."

„Vater, ich habe Bruno Hallmuth lieb."

Er lachte laut auf. „Nun, diese Schwärmerei war ja nur die Fortsetzung von einem längeren Vorspiel?"

„Ja, Vater, es war Fortsetzung und Schluß; denn wir haben einander unser Wort gegeben!"

„Was?" Die Adern schwollen hoch auf.

„Ich will Bruno Hallmuth heirathen."

Was nun kam, kann ich nicht erzählen; ich weiß es auch nicht mehr recht. Ich habe meinen Vater schon oft heftig gesehen, aber als wäre ein

Orkan entfesselt, so brausten seine Worte auf mich
nieder. Ich stand und sagte kein Wort, kein
Sterbenswort und sah ihn immer an. Der Regen
draußen schien angsterstarrt, Alles war so ent=
setzlich still. Nur seine Stimme dröhnte wie der
Donner, und nichts, nichts geschah, um die ent=
setzlichen Worte nicht fallen zu lassen. Ich stand
und sah ihn an. Er kennt mich wohl, er kennt
das Rauchensteiner Blut, mit dem Willen von
Eisen, mit dem felsenharten Kopf. Er hat schon
als Kind oft vermieden mich zu reizen, weil die
furchtbarsten Strafen mich nur immer starrer
machten und das Wort „Furcht" in meinem Lexikon
gestrichen war. Ich fürchtete mich auch jetzt nicht;
ich fühlte nur einen Schmerz, als hätte mir mein
Vater mit eigener Hand die Brust mit einem Dolch
zerpflügt. Dachte er, er würde mich doch erschüttern?
Sah er, daß ich unbeugsam war und raste er so,
um das von seinem Herzen und seinem Hause
abzuwenden, was ihm wie eine Schande, wie der
Unglücke größtes erschien? Er ging so weit, mir
zu sagen, er würde mich lieber todt sehen, als an
Deiner Hand! Ich stand und sah ihn immer an
und sagte nichts, kein Wort, bis er endlich frug:

„Was ist Dein Entscheid?"

„Meine Mutter hat mir auf ihrem Sterbe-
bett zwei Worte gesagt, an die ich immer denke:
‚Pflicht! Treue!‘ Meine Pflicht ist, Dir zu
gehorchen. Ich werde warten, bis es Dir gefallen
wird, Deine Einwilligung zu geben. Meine Treue gehört dem Manne meiner Wahl, für's ganze Leben."

„Versprich mir, mit keinem Hauche seiner zu
erwähnen, mit keinem Seufzer mich an ihn zu
erinnern."

„Ja, Vater, wenn Du mir versprichst, mich
keinem andern Manne zu geben."

„Du brauchst ja nicht zu heirathen."

„Natürlich, Vater, ich brauche auch nicht zu
leben; ich brauche überhaupt gar nichts; ich verlange nur soviel Freiheit, und Du sollst unter
meinen Leiden nicht zu leiden haben."

„Du warst so frei wie das Füllen auf der
Weide, und welchen Gebrauch hast Du davon
gemacht?"

„Ich war so frei wie der Vogel im Käfig;
ich habe überhaupt noch gar nicht für mich gelebt,
noch nicht einmal darüber nachgedacht, wie ich
gern leben möchte."

„Warst Du denn nicht glücklich?"

„Ich war fröhlich."

„Du hast recht, Du weißt noch gar nicht, was Glück heißt."

„Doch, Vater, jetzt weiß ich's."

Der Sturm wollte wieder losbrechen. Ich sprach aber diesmal:

„Siehst Du, Vater, wir kennen uns ja so gut und wissen, daß wir gleich unbeugsam sind. Darum haben wir uns immer gehütet, einander zu reizen. Es führt zu nichts. Wir wollen schweigen wie bisher und Gott bitten, uns zu erleuchten. Vielleicht wird die Stunde kommen, die uns unsern Weg zeigen wird."

„O Kind, Kind! Wie unglücklich machst Du mich!"

„O Vater, wie unglücklich machst Du mich! Du nährst mich mit den kalten, todten Standes= vorurtheilen, die mich ansehen, wie die geistlosen Fratzen im Rittersaal, und ich will leben!"

„O, Du sollst leben, Du sollst Dir nicht ein= bilden, daß Du Deinen Vater und Alles, was Dir bisher lieb und heilig war, verlassen mußt, um leben zu können. Ich werde Dir Zerstreuung

und Genuß gewähren, so viel, daß Du Dich
zurücksehnen wirst in Dein stilles Vaterhaus!"

„Ich verlange weder Zerstreuung noch Genuß;
die kann es für mich nicht geben."

„Das wird meine Sorge sein, und wir werden
sehen, ob Du mir nicht einmal danken wirst für
meine Güte, Dich vor Leid und Unglück bewahrt
zu haben. Jetzt geh'."

Ich küßte seine Hand und schlich mit schweren
Schritten hinaus. Ich kroch die Treppe hinauf
in mein Zimmer, dort fiel ich vor meinem Bette
auf die Knie, und dann weiß ich nichts mehr
recht. Es wurde so dunkel um mich.

Ich kam durch ein starkes Klopfen zu mir.
Es waren die Kinder zur Stunde. Ach Gott!
und die Blinde wartete. Ich schickte die Kinder
fort und ging hinauf. Wie ich nur eintrat, rief
sie mir schon entgegen. „Kind, Kind! Dir ist ein
Unglück geschehen!"

„Glück und Unglück, Uhlchen. Der Meister
griff in die Saiten und sie klangen von Liebe;
aber der Vater hat den Meister nicht erkannt und
sagt: ‚Er ist nur ein Klavierstimmer und soll nicht
spielen,' und riß sie entzwei!"

„Nein, sie sind nicht entzwei, o noch lange nicht entzwei! Warte nur, Kind, der Meister kommt wieder, der sie stimmen kann!"

Ich bin so müde, ich kann nicht mehr schreiben.

Deine

Braut.

Ulla, Geliebte! Braut! Gattin!

Ist es Wahrheit? Mit keinem meiner Sinne vermag ich es zu fassen, seitdem Du im Dampf und Rauch des Erdenlebens, kaum errungen, wieder verschwunden bist. Meine Augen sind wie geblendet, seitdem sie in das Licht der Deinen geschaut, meine Ohren hören nichts, seit jener süße Klang im brausenden Wogen der Töne so leise aber vernehmlich an sie schlug. Nichts fühle ich mehr, als Deine kleine, schlanke Hand, die zitterte, als ich ihre Innenfläche berührte. Dich nur athme ich, spüre ich überall, und doch kann ich es nicht fassen.

Warum ließ ich Dich ziehen, warum vollendete ich den frechen Raub nicht? Ich nahm Dir Alles und gab Dir nichts. Und ich habe doch zu geben. Bin ich Deiner auch vollkommen unwürdig, so werde ich doch Deiner würdig werden. Der Mann, der Dich errungen, darf nicht zagen; er kann nicht verworfen sein, da er Gnade in Deinen Augen fand. Womit habe ich Dich denn besiegt, Du holde Siegerin?

Wie demüthig die Seligkeit macht! Ich ließ Dich sogar gewähren, als Du verlangtest, ich sollte mein Glück verschweigen. Doch mir ist nicht bange. Nicht etwa, weil ich mir einbilde, in Deines Vaters Augen mehr als Staub zu sein; nein, weil Dir Niemand widerstehen kann. Du wirst von Deinem Vater selbst das Unmögliche erringen, daß er mir willig seine Tochter giebt.

Ulla, meine Ulla! Ich starre die Worte an, nun ich sie geschrieben. Wie habe ich begreifen können, daß Du mein bist, als ich nicht nur die eigenen Lettern, sondern das ganze fremdartige Schönheitsgebilde vor mir sah. Und doch, solange Du in meiner Nähe warst, ich Dich sehen und hören konnte, schien es mir kein Wunder, sondern

natürlich wie das Sonnenlicht. Es mußte so sein.
Ich habe Dich gar nicht gefragt, und Du hast mir
gar nicht geantwortet; plötzlich nur hielt ich Deine
Hand. Sie zuckte einen kleinen Augenblick zu=
rück, als ich anfing sie ihres langen Handschuhs
langsam zu berauben. Ich sah Dich aber an,
und da wußtest Du, daß sie mir gehörte, mehr
als Dir. Dann knöpfte ich all die vielen Knöpfe
auf, sah mir die blauen Adern, durch die das
stürmische Blut wogt, ohne daß sie es je zeigen,
genau an, auch die zarte Aestelung der Lebens=
wege der Innenfläche, strich an den schlanken
Fingern mit den mandelförmigen Nägeln entlang,
(noch fühle ich Deine weiche Haut im Tastsinn
der Fingerspitzen) und dann küßte ich sie. Weißt
Du es noch, Ulla, der sterbliche Mann hat das
gewagt! Er hat Deine ganze süße Seele aus ihr
gesogen, — wahrscheinlich hatte er in der Lebens=
linie Deiner linken Hand, — die linke war es,
rechts von Dir schlummerte die liebste Tante —
— die Erlaubniß dazu gelesen?

Und Du willst wirklich mein werden? Weißt
Du denn, was es heißt, des düstern Volksmannes
Gattin sein? Bangt Dir nicht vor der Irdischkeit

meines Lebens? Hast Du es wohl bedacht? Ach
Ulla, Ulla, einzig Holde, bedenke es nicht, laß Dir
nicht grauen, Du sollst vom Leben und vom Kampf
nichts spüren, ich laß Dich nicht. Ich würde dem
Leid die Macht, die es über Dich gewönne,
neiden, wie ich sie Deiner kindlichen Freude neidete.
Nur ich will in Dir sein, keinen anderen Gedanken
dulde ich in Dir. Argwöhnisch spähete ich in Deine
verrätherischen Augen in den letzten Stunden, ob
auch nichts anderes Dich bewegte als die Tren-
nungspein. Mein Mädchen, Du weißt es doch?
nur mich darfst Du fühlen, denken, athmen, sehen
und hören, sonst müssen wir Beide sterben. Quäle
ich Dich? Ulla, gnädige Herrin, ich weiß, daß ich
Dich quälen werde, aber Du hättest mich ja nicht
erhört, wenn Du mich nicht liebtest, — und ich
kann nicht anders. Ich kenne keinen Damm und
keine Grenze mehr. Du bist mein, und mein mußt
Du ganz werden. Du hast es doch nicht vergessen?
Oder hast Du es am Ende nicht richtig verstanden?
Zwei Wochen gebe ich Dir noch Freiheit, auch
keine Stunde mehr. Wenn noch einmal die
Glocken den Sonntag in Eurer Kapelle eingeläutet
haben, dann hole ich mir mein Weib, und nie

kehrt sie in jenes Schloß zurück, es sei denn mit mir. Denn ich hasse die Dinge, die Dich gekannt ehe ich Deine Huldgestalt erschaut, ich zürne der Lahr, den Bergen, Felsen und dem Wald, o, vor Allen dem Wald, in den Du Deinen Kum= mer trugst! Wär' ich der Herrgott, ich vernichtete ihn, ein Erdbeben müßte Alles verschlingen, und in Dir ertödtete ich jede Erinnerung. Ulla, Du bist mein, ganz mein! Hörst Du es, nicht eine einzige Erinnerung, die mir fremd, dulde ich in Dir. Mein Gott! Warum kann ich nicht Deine ganze Vergangenheit auslöschen; ich stehe vor ihr wie vor etwas Unabänderlichen, das mich wahn= sinnig macht. Du hast schon gelacht, gesprochen, gedacht und geliebt, und ich kann es nicht unge= schehen machen, ich soll den Gedanken ertragen lernen?

Weißt Du, was ich fühlte an dem Tage, als Dein erster Brief in mein altes Giebelhaus kam; es ist jetzt bald vier Monate her? Zuerst staunte ich ihn verwundert an, dann erschreckte mich die Hand, die zum ersten Mal meinen Namen ge= schrieben hatte, — ich ersah das erste Mal an der korrekten Führung der Linien. Ehe ich den

Brief erbrach, schüttelte ich den merkwürdigen
Zauber von mir ab und zog die ganze frivole
Maske des Spötters vor. Aber der Zauber kam
wieder, und jetzt bin ich ihm erlegen. Wir ver=
wegenen Menschen sind noch weniger gefeit als
die anderen Geschöpfe. Als ich nach Rauchenstein
fuhr, liebte ich Dich schon; Dich, d. h. mein eige=
nes Bild von Dir; ich reiste hin, um mich an
dem Gegensatz zwischen ihm und der Realität zu
heilen. Ich erwartete wohl ein schönes, vornehm=
mes Fürstenkind, aber ihm sollte der höchste Reiz,
der der göttlichen Seele, fehlen. Ich weiß nicht,
ob ich froh oder gekränkt war, als ich nach einem
Blick in Deine Augen sah, daß Du mehr bist, als
ich gedacht, als ein Mann sich überhaupt aus=
denken kann. Es fällt Leuten meiner Art schwer,
wenn sie unterliegen. Ich hatte zuerst wohl eine
Art Zorngefühl gegen Dich im Herzen, daß Du
so benehmend liebreizend warest. Nie vergesse ich,
wie Du in's Zimmer stürztest: kindlich gespannt,
stürmisch bewegt, ganz Leben in jedem Nerv.
Dann richtetest Du Dich hoch auf. Du bist sehr
groß! Ich glaube, Du reichst über mein Herz
hinaus bis an meine Schulter. Wann dürfen

wir uns neben einander meſſen, Ulla? Noch 13
bange Tage! Ach, wäreſt Du doch nicht ſo ſchön,
wäreſt Du nichts von dem, was Andere bewun-
dern, denn Du biſt nur für mich beſtimmt.

Jetzt muß ich weiter. Eine Stunde iſt ver-
gangen, ſeit Deine Stimme, den Tönen folgend,
meinem Ohr verklungen. Wie ſoll ich die anderen
Stunden ertragen. Noch ſehe ich wenigſtens den
Bahnhof, von dem Du mit dem lichten, grauen
Schleier über dem Lockenkopf meinem Auge ent=
ſchwandeſt. Aber mir galt der letzte Blick nicht,
er flog über die Stadt, als nähmeſt Du von ihr
Abſchied. Ulla, warum galt er nicht mir? Der
Anderen wegen? Giebt es noch „Andere" für Dich?
Und warum zuckte Deine krauſe, kurze Oberlippe?
Aus Trotz, weil Du ihn mir verwehrt hatteſt, den
erſten, einzigen Kuß? O Kind, geliebtes Kind,
mein armer kleiner Ulrich, das wirſt Du mir
büßen müſſen, erſchrecklich büßen, wenn Dich zum
erſten Mal in ſeine Arme ſchließt

Dein, Dein, Dein,
ſich Dir ergebender

Bruno.

Mein Leben!

Dein erster Brief ist in meinen Händen, vor meinen Augen, in meinem Herzen und es ist kein Traum, daß ich Dein bin! Nicht wahr, Bruno, so stark wie Deine Liebe, so stark wird auch Dein Herz sein? Du wirst mir helfen, mich stützen auf meinem schweren Wege? Denn ich kann nicht mehr allein gehen, seit ich mich weg= geschenkt! Aller Stolz, aller Trotz ist gebrochen und das Kraftgefühl dazu; ich lebe nur, weil ich liebe, sonst möchte ich mich hinlegen und nicht mehr sein, so schwach fühle ich mich. O sei nicht eifersüchtig auf das Vergangene! es ist Alles in Dir und durch Dich verklärt; aber hilf mir

das Gegenwärtige ertragen! Nicht wahr, mein
Hermes, Du verstehst mich viel besser, als ich
mich selbst verstehe? Dann weißt Du auch, daß
ich nichts Gewaltsames thun kann. Ich könnte
nicht glücklich sein und nicht glücklich machen,
wenn ich heilige Pflichten mit Füßen getreten
hätte! Ich hoffe mit Geduld und Treue meinen
Vater zu besiegen. Er denkt gewiß, es sei eine vor-
übergehende Laune von mir, ich hätte mein Herz
nicht erforscht und bei ernstlicher Prüfung werde
ich zu ihm zurückkehren. Ach! verzeihe ihm seine
Angst und seine Vorurtheile! Ich habe diese nie
gehabt. Der Mann, den ich liebe, ist ein König;
er überragt die Andern um mehr als eine Kopf-
länge; er darf auf alle die kleinen Nichtsthuer
herabsehen, die ihrem stolzen Namen Schande
machen. Aber mein König muß auch großmüthig
sein und die kleineren Geister dulden und verstehen, welche das Altgewohnte nicht abstreifen
können.

Bis in 14 Tagen wolltest Du hier sein? O
Hermes, Hermes! daran darfst Du nicht denken!
Was sind 14 Tage gegen die Vorurtheile von
60 Jahren? Ich weiß wohl, daß Du mir helfen

möchtest, daß es Dir furchtbar ist, mich allein zu lassen im Sturme; aber wenn ich nur fühle, Du bist mir nahe, so wächst ja meine Kraft! Deine Gegenwart hier würde nur reizen und erbittern und ich zitterte zwischen meinem Vater und Dir, wie ein losgerissenes Blatt! Ich verlasse mein Vaterhaus nicht ohne seine Einwilligung, — nein, Bruno, nicht einmal für Dich! O zürne mir nicht und halte meine Liebe nicht für schwach, weil Du kein anderes Band auf Erden hast, während ich durch heilige Pflichten gebunden bin. Ich würde an mir selbst zweifeln, an Dir, an der ganzen Welt, wenn ich ihm untreu würde. Ich könnte nie ein fröhliches Herz mehr haben, und Du willst mich doch als Sonnenschein in Dein stilles Haus führen! Es wäre ja sehr leicht, nur unserm Gefühl zu folgen und einander zu gehören, auch vor der Welt. Das wäre nicht gekämpft, sondern feige geflohen, und wir wollen Helden sein! Nicht wahr, Bruno, unsere Liebe ist ja schon ein so hohes, wunderbares Glück, daß wir eine Zeitlang an dem Bewußtsein zehren können, Eins zu sein für ewig? Nichts, nichts kann uns ja entzweien oder von einander reißen, bis in den

Tod! Wir haben uns Beide gesträubt und ge-
wehrt gegen die Gewalt, die uns zusammenführte.
Wir wollten von der Liebe nichts wissen, die uns
doch schon längst gefangen genommen. O Bruno,
Bruno! ich war die Auserlesene, die Glückselige,
die Hochbegnadete, die Dein Weib werden sollte!
Laß mich Dir zeigen, daß ich Deiner werth bin.
Mit Verstand und Wissen reiche ich nicht bis an
Dein Herz, bis an Deinen Fuß hinan, aber die
Kraft meiner Liebe und meiner Opferfreudigkeit
dürfen sich mit der Deinen messen. Wenn ich nur
mich ganz allein opfern könnte, ohne daß Du
leiden müßtest! Aber durch mich wirst Du nun
auch schmerzerfüllt; in Dein stolzes Herz ist die
Sehnsucht eingezogen, durch meine Schuld! Was
kann ich thun, Geliebter, damit Du nicht leidest?
Du hast einmal gesagt, ich verstünde nicht zu geben.
Ach! wirst Du das heute wieder sagen? Wird
es Dir sein, als kargte ich? Oder hast Du mich
so lieb, daß Du mein Leben mit mir leben kannst
und die Größe meines Opfers ermessen? O bitte,
bitte, Bruno, zweifle nicht an mir, sonst kann ich
den Kampf nicht ertragen!

Deine Braut.

Mein Götterkind!

Daheim kein Wort von Dir! Ich hatte während der langen Fahrt nur auf Deinen ersten Brief gehofft, — nun fand ich keinen. Ist es nur meine Ungeduld, oder eine Vorahnung? Großer Gott, Du wirst doch nicht krank sein? Nein, Ulla, nein, Krankheit ist für die schwachen Menschen, nicht für meine Geliebte!

In Berlin bin ich einen Tag geblieben, um Deine Zimmereinrichtung auszusuchen. Es wird Alles pünktlich in 11 Tagen hier sein. Das übrige Haus erwartet lange seine Herrin. Vielleicht schrieb ich Dir schon einmal, daß ich viele Räume habe? Wenn Du nur nicht vor dem tiefen, dunklen Flur mit den kalten Fliesen erschrickst! Er liegt an dem einen Ende des Hauses und führt durch bis zum Hof, einen Garten findest Du nicht, aber Du sollst ihn nicht vermissen. In meine dunklen Parterre-Zimmer führt eine Thür, die in einer Steinnische verborgen, aber oben sind alle Räume hell und wohnlich, selbst die mit den Schieß= scharten=Fenstern nach dem Platze; die meisten sehen aber auf die Straße. Im Ganzen sind es elf oben, zehn unten, aber viele davon Wirthschafts= räume. Wird es Dir auch so recht sein? Willst Du nicht in mein Haus kommen, so ziehe ich gern fort. Mißfällt es Dir, lasse ich es mit Freuden herunterreißen; ich gebe auch meine Professur auf, wenn Du es willst, und gehe nach dem Süden. Nur wünsche irgend etwas von mir, sei nur gnädig genug, etwas zu bestimmen. Du weißt doch, Liebste, daß Du, nun Du mein bist, keine Nadel auch nur gebrauchen darfst, die ich Dir nicht ausgesucht? Du darfst aus Deines Vaters Schloß nichts mitnehmen, ich zerrisse und zer= bräche Alles, was es auch wäre.

Ich sehne mich todt nach Dir; nur ein Wort,

ein liebes Wort, um mir zu sagen, daß Du noch
Du bist! Ich zweifle ja nicht an Dir, das wäre
ein Frevel an Deiner heiligen Reinheit: Nur
Einem Mann erschließt Du so Dein ganzes Sein!
nein, nein, ich zweifle nicht, aber Du bist mir so
enttrückt, als wäre Alles ein Traum gewesen.
Dort saß sie, im halben Licht, unter dem Fenster,
die wunderbare Mädchenerscheinung; etwas er=
schrocken, etwas neckisch, aber benehmend hoheits=
voll in ihrer Verlegenheit. Mir schwindelte es
wieder vor den Augen, wie in Rauchenstein am
Klavier, als Du eintratest; ich glaubte eine Vision
zu haben. Was ich gesprochen, weiß ich nicht; ich
verlor das Bewußtsein, — und habe es noch nicht
wieder erlangt. Nur Eins ist mir aus jenem ersten
Tage noch erinnerlich, daß ich laut auflachte, als
Du auf eine Frage der Deinen von den kleinen
Täglichkeiten des Lebens sprachest. Aus Deinem
Munde das Wort „Geld" — den Begriff kannst
Du ja nicht haben; aber das Wort wirkte wie —
wie ein Anachronismus, Göttin! Und als ich
zuerst bei Deinem Lachen (war ich der glückliche
Sterbliche, der Dich lachen machte?) die Reihe
Deiner Zähne sah!! Schöne Zähne sind ja nichts

Besonderes, eigentlich haben alle gesunden Menschen sie; aber die Deinen tragen so das Gepräge Deines Liebreizes, wie ich es der gefühllosen Elfenbein= masse nie zugetraut hätte. Man steht erschrocken vor ihnen und fühlt zum ersten Mal, daß das abgenutzte Wort Perlenreihe einen Sinn hat. Doch Du wirst mir wieder sagen: „Ich will meiner Innerlichkeit, nicht meiner Aeußerlichkeit wegen geliebt werden!" Kann man das trennen? Wäre Deine Seele anders, so wäre auch Dein Auge, Deine Haut, die Schlangenbiegung Deines Halses eine andere. Ach, Dein schlanker Hals! Wenn Du Dich abwandtest und zu den Deinen sprachst, kleine Gazelle, dann habe ich ihn studirt! Willst Du mir das Maaß Deines Taillen=Umfangs senden? Ich möchte wissen, ob ich sie umspannen könnte. Ach, Kind, schreibe mir, schreibe, ich gehe sonst zu Grunde. Ich habe nicht schlafen können, fand viel Arbeit vor, bin aber nicht im Stande auch nur Korrekturbogen zu lesen. . So ging ich an's Meer und legte mich, so recht wie ein dummer Verliebter, auf den häßlichen Strand in Wieck.

Ulla, Ulla, Du hättest mich doch den Kampf

ausfechten lassen, wenn Deine Zuversicht Dich
täuschte? Oder täuschtest Du mich nur, als Du
sagtest: „Bange nicht, mein Vater hat mir stets
versichert, er ließe mir freie Wahl.“

Warum aber, wenn Du so sicher warest, ließest
Du mich nicht sprechen? Ich war wohl blind,
daß ich hoffte? Die „freie Wahl“, die Dein Vater
Dir gestatten wollte, sollte wohl zwischen „Herren“,
aber nimmer zwischen „Knechten“ stattfinden; an
das „Gesindel“ hat er gewiß nie gedacht?

Verzeih’, wenn ich ihm Unrecht thue, verzeih’,
mich macht die Sorge fast wieder zu dem, was
ich war, ehe Deine feine Hand in der meinen
ruhte. Wenn Du sie mir je entziehst, — dann
Gnade Gott Dir und mir!

Dein

Bruno.

Mein ewig Geliebter!

Nun ist wieder ein Tag vorbei, ein mühsamer Tag, und eine Nacht! Diese Nacht habe ich gewacht und dem Regen zugehört, der heute Morgen noch immer weiter rieselt. Unten rauscht die Lahn kaffeebraun mit schäumenden Wellen. Die Lindenblätter hängen, weil sie zu schwer von Thränen sind. Ich fühle mich wie solch ein Lindenblatt. Wie kann man nur so weinen! Ich schäme mich vor Dir, wenn ich weine; aber ich kann nicht stark sein, immer und immer! ich bin ja doch kein Stein. Ich muß heute wieder die

Kinder fortschicken. Der Kopf schmerzt mich so, daß ich nicht im Stande bin, eine ordentliche Stunde zu geben. Es gehört ein sehr großer Kraftaufwand dazu, um durch den übrigen Tag zu kommen. Ich fühle mein Gesicht in dem erzwungenen Lächeln erstarren. Mein Vater leidet auch. Ich seh's. Seine Seelenruhe ist auch dahin und dann ist mir's, als hätte ich ein schweres Unrecht gegen ihn begangen. Aber was kann ich dafür, daß ich Dich so lieb habe! Ich hatte Dich ja lieb, ehe ich es nur wußte! Er war doch auch entzückt von Dir und nur wegen Standesvorurtheilen soll ich den Mann nicht haben, den allein auf der ganzen Welt ich haben möchte. Du verstehst doch, Hermes, daß wir für einander geboren waren, daß wir uns haben finden müssen, daß wir ohne einander nicht sein können? Wenn ich mein Herz zertrete, so tödte ich das Deine auch, denn Du lebst ja in mir. Du wilder Knabe könntest nicht entsagen und doch noch sein. O, ich kenne meinen Hermes! Ach, was soll ich thun! Da stehe ich zwischen Euch Beiden, denen ich gehöre, mit meiner ganzen Seele! Für Euch Beide möchte ich mich in Stücke reißen. Ich kann ja

keinen von Euch leiden sehen und kann doch nicht
Beide beglücken! Sondern wenn ich den Einen
beglücke, bringe ich den Andern an den Rand der
Verzweiflung. Wem gehöre ich mehr? Ist Kindes=
pflicht größer oder die Pflicht treuer Liebe? Wärest
Du glücklich und heiter und hättest geliebte Men=
schen um Dich, so würde ich sagen: „Mein Ge=
liebter! Wir wollen es so machen, wie die alte
Tante und der Marquis und einander treu bleiben,
80 Jahre, in der heimlichen Stille unserer Herzen."
Aber ich lebe nicht 80 Jahre, ich lebe nicht ein
Jahr mit dem Schmerz! Und Du? Du bist
kein Marquis mit dem Kopf im Puder und dem
Herzen unter einem feinen Jabot, der nicht zer=
knittert werden darf. Du bist wie die Lahn und
hast nicht gelernt, nicht zu wollen. Du bist ein=
sam, Du hast nichts auf der Welt wie Deinen
kleinen Ulrich. Ach! Bruno, was soll ich thun!
Heute Nacht habe ich mich förmlich gewunden in
meinem Bett, so groß war der Kampf und der
Schmerz und Niemand ist da, der mir rathen
kann, Keiner, den ich um Rath fragen möchte!
Warum bin ich auf der Welt, wenn ich die un=
glücklich machen soll, die ich lieber habe als mein

Leben. Warum kann ich nicht Alle in meine Arme nehmen und zu einander führen und sagen: „Wir wollen ja zusammen glücklich sein. Was thut es denn, ob man ein paar Ahnen hat, von denen doch so mancher kein Schmuck für die Familie war, oder ob man seine Vorväter, die doch auch vorhanden waren, nicht in die Waffenhalle hängt?" Ich sehe gar keinen Unterschied. Warum soll ich denn in meinem Stande bleiben, wenn mir doch Keiner gefällt! Ich finde es unter meiner Würde, ohne Liebe zu heirathen; dazu bin ich mir selbst zu gut, und ich würde das Unrecht an keinem Anderen begehen, der auch auf große, tiefe Liebe hofft und ein Anrecht daran hat. Ich hätte doch nie meinen Vater verlassen, wenn ich nicht einen Menschen gefunden, der mir lieber ist, als ich selbst, als Alles auf der Welt, für den ich durch die Hölle ginge! Und ich gehe durch die Hölle für Dich, mein heiß Geliebter! O nie, nie darfst Du an mir zweifeln. Es wäre gottlos, nachdem ich so um Dich gelitten und für Dich gekämpft! Meine Sehnsucht nach Dir ist so groß, daß ich meine, Du müßtest hier vor mir stehen, es könne gar nicht sein, daß Du fern bleibst. Und wenn

Du hier wärest, ich müßte Dich selbst fortdrängen, weil Alles tausendmal schlimmer würde! Wird denn nichts kommen, mir zu helfen? Werden meine Tage ewig wie der strömende Regen sein, grau und kalt? O Bruno, Bruno, mein Sonnenschein! Wie sehne ich mich nach Dir!

Die Deine.

O Bruno, Bruno, hätte ich Dir doch gar nicht geschrieben, daß ich kämpfen muß; dann würde mich Deine feste Zuversicht fort und fort aufrichten. In der Stunde, wo ich Schmerz und Zweifel in Deine Seele gestreut habe, muß ich Dir tragen helfen, Du ungestümer Knabe mit den schwarzen Locken! O ich kenne Dich, mein anderes Selbst! Du bist, was ich gewesen wäre, wenn die Verhältnisse mich nicht gebogen, geschraubt, gemeißelt hätten! Schreibe mir noch von unserm Heim! Sage immer: „Wir und Unser!" gern will ich Alles Dir verdanken, äußerlich wie innerlich! O mein Hermes! wie kannst Du glauben, Dein Haus werde mir unheimlich sein? Jede

Stelle ist mir heilig, die Dein Fuß betreten, die
Dein Auge gestreift, wo Du gedacht, gelitten, ge-
strebt, gerungen und gekämpft hast! Du sollst
bald fühlen, als hättest Du das Haus niemals
ohne mich gekannt, als wärest Du überhaupt niemals allein gewesen, als hättest Du mich besessen,
bevor Du gedacht und gefühlt! Ich segne den
Tag, an dem ich mir das Herz faßte, zum ersten
Mal zu schreiben: Verehrter Herr Professor!
War es nicht eine höhere Hand, die die Meine
führte? O Bruno, denke nur nicht daran, daß
ich ein wenig leiden muß! Mein Glück ist ja so
unendlich groß, daß es wohl des Kämpfens werth
ist. Dich hat ja immer das Unerreichbare gelockt,
— mich auch! Und nun, daß wir vereint sind,
giebt es keine Dämme, die wir nicht durchbrechen,
keine Schranken, die wir nicht überfliegen, keine
Ziele, die wir nicht erreichen! Ich glaube, meine
Briefe waren feige, als hätte ich keine Kraft und
keine Zuversicht. Ich weiß nicht mehr, was ich
geschrieben habe; nur was Du schreibst, weiß ich
immer! Ich habe aber das Gefühl, als hätte ich
Dir das Herz schwer gemacht und das darf nicht
sein. Nein, wir wollen leichtsinnig sein, ganz

leichtsinnig. Was sich uns in den Weg stellt, ist ja weiter nichts als ein Vorurtheil, etwas ganz Ungreifbares, Unhaltbares, Entwerthetes! Ich bin zu sehr das Kind meiner Zeit, um noch viel Verständniß für Vorurtheile zu haben; aber ich bin zu sehr das Kind meines Vaters, um nicht bis auf's Aeußerste zu thun, was ich für Recht halte. Den Menschen kränken, dem ich das Dasein verdanke, — nein, Bruno, das verlangst Du nicht von mir! Du hältst die leeren Zimmer Deiner todten Eltern in Ehren, Du wirst verstehen, daß ich seine grauen Haare in Ehren halte. Es wird noch einen Weg für uns geben, wir sehen ihn nur noch nicht deutlich, da wir so kurzsichtig sind und befangen von dem heißen Anstürmen des Blutes nach dem Herzen. Das macht immerfort Wolken vor den Augen, so daß Alles grau wird, und dann gehen die Wolken weg und man sieht eine Sekunde lang blauen Himmel. Mein blauer Himmel ist ein gewisses Zimmer in Greifswald, in dem Jemand sitzt, mit dem Kopf in der Hand vor einem ganzen Berge von gelehrten Papieren. Und oben auf dem Berg von gelehrten Papieren liegt ein Blatt, das eine ganz andere Form hat, auf dem steht: „Mein Götterkind! mein Weib!" —

O du schöner, blauer Himmel, schau mir nur
recht oft in's Herz hinein und scheuche die häß=
lichen Wolken von den Augen fort! Du weißt
doch, Hermes, die Sonne ist bekanntermaßen
immer direkt hinter den Wolken und soll auch
mehr Kraft haben als sie; die sind doch nur
Hirngespinnste, Blutwallungen, Vorurtheile der
kleinen Erde, die sich auf einmal einbildet, die
Sonne sei zu stark. Ich stehe wie ein Garten im
Sturm; das sieht sich ganz schrecklich an, und
man meint es ist Alles verloren, es geht Alles
zu Grunde. Aber siehe da: er blüht noch tausend=
mal schöner auf! Und all das Blühen ist für
Dich! Vor dem Sturm bleibt es verborgen und
verschlossen, aber dem Sonnenschein streckt sich
Alles entgegen in überschwänglichem Jubel!
Hermes! hast Du mich lieb? Hermes, sage mir,
hast Du mich sehr lieb? Aber weißt Du, so, daß
Dir die Hölle wie ein Paradies ist, wenn ich
drin bin? Nicht wahr, Du kannst mich nie mehr
nicht lieb haben? Du müßtest sonst sterben, und
ich auch!

Deine

Ulla.

Also hoffnungslos! Da ist ja das Leben, wie ich es kannte, ehe ich in Deine lichten Augen schaute, da ist es ja mit allen jenen Hirngespinnsten, die Euch „Hohen" das Leid ersetzen, dem Ihr sonst entgehen würdet. Und Ihr sollt ihm auch nicht entgehen! Mein hehres Mädchen hat weinen müssen, sie hat vor ihrem Bett gekniet und ist ohnmächtig zusammengesunken vor dem furchtbaren Zorn ihres Vaters. Und das soll ich ertragen? Ulla, ich bin ganz ruhig, fürchte nicht, daß ich ein hartes Wort nur sage, ich will Dich ja nicht kränken, wie jene Anderen, die Du die Deinen nennst. Aber nie habe ich so viel Haß und

Bitterkeit gefühlt, wie in dem Augenblick, wo ich
Deinen zweiten Brief las.

Sie kamen zu gleicher Zeit in meine Hand,
die drei Briefe vom 5., 6. und 7. Zuerst das
wunderbare erste Aufschluchzen Deiner Liebe, das
mich beseligte; Dein erstes geschriebenes Du, das
erste „Bruno". Du trugst mich mit in Deine
Höhen, von denen ich zurücksank in meine niedrige
Irdischkeit durch die Zeilen der folgenden Tage.
Siehst Du es jetzt ein, wie recht der schwarze
Plebejer hatte, als er sagte, die eigene Familie wäre
jedes Menschen ärgster Feind?

O Kind, wie hast Du mich in solche Lage
bringen können Deinem Vater gegenüber! Hat
er es Dir nicht gesagt, wie feige der Mann sein
müßte, der nicht einmal wagt vor ihn hin zu
treten, sondern ein zartes Mädchen zu seinem Braut=
werber macht. Fürchtetest Du, er könnte mich ver=
hören, meintest Du, der Mann des Volkes hätte
dem Fürsten nichts zu antworten gewußt? Das
Letzte, Ulla, ist ja stets der Tod; wie gern stürbe
ich um Dich, — selbst von Deines Vaters Hand
getroffen.

Doch das ist vorüber und verloren. Jetzt gilt

es die Zukunft. Gutwillig giebt Dein Vater Dich
nie, es bleibt nur die Gewalt, der Raub. Aber
hast Du Muth? Du allein brauchst ihn, der
meine nützt Dir nichts, denn in Deiner Hand liegt
Alles. Und ich weiß, Du hast ihn nicht, ich weiß
es, weil ich Dich kenne. Du hängst am Vor=
urtheil, Du nennst das „Pflicht" und handelst
gegen das höchste Gesetz der Natur, die Liebe.
Du fragst sogar: ob ich Dir entsagen könnte?
Wie hast Du das Wort nur denken können, ge=
schweige denn niederschreiben. An dem Tage, an
dem Du mir sagst: ich habe meinem Vater
nachgegeben, an dem Tage schieße ich mich still
todt. Aber Du weißt, die Wahrheit ist mehr als
das Leben. Du mußt es sagen, wenn Du an=
fängst zu schwanken, wenn Du zögerst, überlegst,
dann verschwinde ich, tauche unter; Du sollst es
nie erfahren. Um mich soll nie eine Thräne in
die Augen kommen, die dadurch entweiht sind,
daß sie um Anderer Zorn geweint. Hättest Du
nie vorher geweint, mit welcher Wollust würde
ich Deine erste Thräne vergossen haben; ich glaube,
ich hätte Dich quälen können, nur um Deine
Thränen nachher aufzusaugen.

Nein, ich gebe Dich nicht frei, so lange Du mich liebst. Ich will Dich bitten und beschwören, verfolgen und quälen tagtäglich, bis Du einwilligst, Dich über die Gesetze Deiner Welt hinfort setzest und zu mir kommst. Brauchst Du durchaus einen Priester, so werden wir ihn schon finden in irgend einem Lande; ich brauche ihn nicht, um Dir treu zu bleiben. Da Du aber eine Frau bist, wirst Du nicht aller Form entsagen können. Und Ulla, wird der Tag unseres Wiedersehens nicht schöner sein, als eine Hochzeit, wie alle Deine Vorfahren und prinzeßlichen Cousinen sie gehabt? Wo die Braut im schweren, weißen Kleide, bleich wie ihr langer Schleier, von Pagen oder Brautjungfern gefolgt, zum Altar wankt, an den neidisch musternden Verwandten entlang. Neben ihr der verlegen lächelnde Jüngling in Uniform, vielleicht auch ein schon ergrauter Sünder, mit blasirter Miene und allen europäischen und außereuropäischen Orden; das hätte meinem Götterkind genügt?

Nein, nimmer! Oder etwa das Gala=Diner darauf, oder der Empfang am folgenden Morgen? Wenn Dir das gefällt, sage es nur, Freier und

Anbeter wirst Du die Hülle und Fülle haben. Ich aber, meine holdselige Braut, hätte nie in Euere höfische Form gezwängt werden können, selbst stünden nicht Deines Vaters beleidigende Worte zwischen ihm und mir. Du verschweigst sie, ich habe sie aber im geistigen Ohr vernommen.

Daß ich nicht zu Eurer Art paßte, hätte ich Dir schon damals sagen müssen, als Du Dein ganzes Leben mir darstelltest, da unten am sonnigen Rhein, wo Alles Sang und Klang. Ich fühlte aber wohl nichts, weil mir das Unfaßbare zu theil geworden, weil eine Lichtgestalt ihre Sphäre verließ, um sich zu mir herabzuneigen. Jetzt wandle ich wieder auf der Erde. Der Riß ist auch in dies rosige Wolkengebilde gemacht, und ich sehe durch dasselbe hindurch denselben Himmel mit den unerforschbaren Sternen, der so lange schon den Erdenkindern Hohn spricht. Auch Liebe ist ein Unglück; das feinst ersonnene Leiden, mit dem der Tod sich seine Früchte zeitigt. Aber welche Macht ist es! Ulla, Ulla, wie dämonisch muß die Gewalt sein, welche die Kluft zwischen uns verschwinden machen konnte auf acht lange Tage. Oder auf immer? Geliebte! Ich suche förmlich ein mich beleidigendes Wort argwöhnisch in Deinen Zeilen. Irre an Allem fühle ich nur noch Eins, daß ich nicht werth war, den Traum Deiner Liebe zu träumen, daß ich nichts von Deiner Hingabe, Deiner Entsagung habe. Aber gebrochen hast Du mich auch. Du hast mich aus meiner Natur getrieben, weil meine Natur Dich kränken würde.

Dabei Sonne und Sommer überall. Kennst Du den nordischen Sommer? Er ist rührend, ergreifend, wie eine Thräne im Auge des rauhen Kriegers, wie das erste Sehnen Bruno Hallmuths. Mein Lebtag habe ich mich vor dem Sehnen und Wünschen gehütet, weil ich mich erniedrigt fühlte, etwas zu wollen, was ich selbst mir nicht erfüllen könnte. Ich war stets frei, weil ich wunschlos war! Jetzt aber, jetzt ist mein ganzes Fühlen und Denken aufgegangen in Einem Wunsch, in Einem Sehnen, nach Dir, der Unerreichbaren!

Dein Sclave.

Darfst Du mir denn schreiben?

Wenn ich keine Nachricht von Dir bekomme, reise ich augenblicklich zu Dir. Dann mag das Schloß über mir zusammenstürzen!

Ach Bruno, Du leidest! Und durch meine
Schuld! O warum mußte ich in Deine Nähe
kommen und Dich unglücklich machen! Du hast
vorher noch kein Leid gekannt! Durch mich mußt
Du es kennen. Ich muß Dir das zufügen! O,
ich wünschte, ich könnte gleich todt sein! Dann
hättest Du nur eine wehmuthsvolle Erinnerung
von mir, aber nicht mehr das heiße Sehnen, das
Dir das Herz zernagt! Was soll ich thun, damit
Du nicht leidest! Ich kann meine Schmerzen
ganz gut ertragen, aber die Deinen nicht! Es
war egoistisch von mir, Dir Alles zu erzählen.
Ich habe keinen Augenblick daran gedacht, daß ich
in Dir einen so großen Sturm heraufbeschwöre.

Aus zwei Welten.   14

Ich dachte nur an Deine Kraft, ich wollte darin ausruhen; denn seit ich Dir gehöre, habe ich keine Kraft mehr für mich allein. Alles suche ich bei Dir! Es ist meine Schuld, ich war gar nicht das tapfere Mädchen, das sich vor keinem Gewitter fürchtete. Beim ersten Blitz flog ich in Deine Arme wie ein geängstigtes Kind, und Du bist erschrocken, weil Du das noch nie von mir gesehen hast und denkst, ich bin zu Tode getroffen! Ach, es ist meine Feigheit, die Dich so unglücklich macht! Aber sei ruhig, ich werde nicht mehr Deiner unwerth sein; ich werde nicht mehr weinen, sondern dankbar sein, daß ich Dich im Herzen tragen darf. Sage nicht, daß Du in meine Welt nicht passest, das thut mir weh. Dann kommt mir meine Welt gleich wie eine Fratze vor, wenn Du sie verachtest! Und sie hat doch auch das Recht zu sein, wie sie ist. Du kannst ebenso wenig Deine Erziehung und Deine Erbschaften überwinden wie ich, aber läßt sich denn das nicht durch die große Liebe zusammenschmelzen? Wir wollen ja doch Beide nur thun, was recht ist, damit wir vor einander Achtung haben können. Und ich fürchte, Bruno, wenn ich von Hause desertirte, könnte ein Augenblick im Leben kommen, wo Du Dich dessen erinnertest und deshalb kein Vertrauen zu mir haben würdest. Nein, ich kann nicht desertiren. Und wenn Du mich nicht ver= achtetest, so würde ich mich selbst verachten und Deine allerhöchste Liebe könnte mich dafür nicht trösten; denn ich will nicht wie eine Sklavin vor Dir kriechen, sondern Dir ebenbürtig frei sein. D. h. ich will Dir wie eine Sklavin dienen, ich will meine Hände unter Deine Füße legen, Dir meine Schultern reichen, wenn Du auf ihnen emporklimmen willst; aber nicht weil ich mich vor Dir und vor mir schämen muß, sondern weil es mir Freude macht, Dir selbst meine Freiheit, die mir doch über Alles ging, als Opfer darzubringen. Nur schämen kann ich mich nicht! Das überlebte ich nicht. Erhobenen Hauptes will ich an Deine Seite treten und stolz den Leuten zeigen: Schaut her, dies ist mein Gemahl! Kannst Du mich verstehen, Bruno? Ach, Du bist so weit fort und mußt so langsam lesen, anstatt mit einem Blick in meine Augen zu wissen, was ich meine. Du würdest sehen, daß ich's nicht kann; denn bei dem Gedanken, ich hätte meinen Vater betrogen, ich

hätte irgend einen Menschen betrogen, müßte ich
vor Dir die Augen senken, ich, Deine freie Ulla!
Ich desertiren? Nein, Bruno, das verlangst Du
nicht von mir. Das hast Du nur in der ersten
Zornaufwallung geschrieben, im ersten Schmerz,
mich nicht befreien zu können; aber noch bevor
der Brief mich erreichte, wußtest Du schon ganz
genau, was ich sagen würde. Du kennst doch
Deine kleine Ulla? Ach, es ist meine Schuld,
und ich muß diesen Brief von Dir ertragen als
Strafe, daß ich so feige war.

Unserer Correspondenz ist kein Riegel vor-
geschoben worden; mein Vater sagte nur auf
einmal: „Ich möchte gern Deine Briefe lesen,
Ulla!"

„Ja, Vater, Du kannst jedes Wort lesen; es
steht nichts darin, das Du nicht sehen dürftest,
nichts Unehrliches, dessen ich mich schämen müßte;
aber es würde dieses Verlangen von Dir mich
entsetzlich demüthigen, als hättest Du das Vertrauen
zu mir verloren!"

„Wer sagt Dir, daß ich es nicht verloren habe?"

„O Vater!"

Er schwieg und sprach nicht mehr davon.

Ich werde furchtbar herumgehetzt die letzten Tage, so daß ich recht müde bin. Meine Morgenstunden sind fast ganz dahin, da mich mein Vater schon um 5 Uhr zum Spazierengehen holt. Er hat mich tüchtig gescholten, daß ich die Stunden der Kinder vernachlässigt. „Entweder, Oder! Du brauchtest das ja nicht zu thun; aber wenn eine Pflicht übernommen ist, so giebt es nichts, das einen davon entbinden kann.“

Man meint, die Menschen haben sich förmlich das Wort gegeben, mich nicht in Ruhe zu lassen. Die alte Tante will mich länger haben, die Andere will mehr vierhändig spielen, und dabei sagen sie: „Ruh Dich doch aus, Kind, Du bist wahrhaftig ein wenig blaß!“ Vielleicht ist es besser so, denn sobald ich allein bin, kommt eine Müdigkeit über mich, als wäre ich von Blei; ich kann oft gar nicht denken, als wäre mein Hirn gelähmt. Und dann werde ich so vergeßlich und habe schnell eine gereizte Antwort auf der Zunge, wenn man mich schilt. Aber Niemand ist daran gewöhnt, mich vergeßlich zu sehen, und da haben sie auch keine Geduld mit mir, wie bei meinen andern Fehlern, die sie schon kennen. Nur Uhlchen läßt mir mehr Ruhe; anstatt mich immer lesen zu machen, erzählt sie mir von alten Zeiten, die Geschichte ihrer Liebe. Ich finde aber, die Liebesgeschichten endigen so oft mit Entsagen, daß sie einem das Herz noch viel schwerer machen! Ich kann auf einmal gar nicht mehr singen, mir schnürt sich die Kehle zu, kein Ton kommt heraus. Man hat schon gefunden, ich sei ganz verändert seit dem Musikfest, — die klugen Leute! „Ja," sagte mein Vater streng, „wenn man den Kindern eine Freude machen will, schlagen sie gleich über die Stränge und hernach kommt der Katzenjammer."

Dann gebe ich mir Mühe, so zu sein wie früher, aber es geht nicht mehr und macht Alle verdrießlich und ungeduldig.

Ach, ich bin so müde. Mir ist es, als wäre mein Herz von Stein und sänke bei jedem Schritte tiefer hinunter, und dann bin ich ganz außer Athem, was mein Vater nicht leiden kann, da er mich doch so schön gelehrt hat, niemals außer Athem zu sein. Ich kenne mich selbst gar nicht mehr. Ich bin ja auch nicht ich, sondern Deine Braut und nur Deine Braut lebt noch in mir. Alles Andere ist wie erloschen, als wäre es nur ein Scheinleben ohne Seele. Mein Vater und ich schweigen jetzt sehr viel still, bis er auf einmal sagt: „Unterhalte mich doch ein wenig." Dann fahre ich aus meinem Traume in die Höhe und spreche irgend etwas, das ich selbst nicht verstehe und das mir so falsch klingt, wie ein verstimmter Flügel. Ich bekomme auch eine ungeduldige Antwort und dann sind wir wieder still, so daß ich Gott danke, wenn wir nicht allein sind, sondern irgend ein Unschuldiger anwesend, der von den Verhältnissen nichts ahnt. Ach Bruno! wie sind wir Menschen so klein! Jeder sieht nur so weit wie seine Hand, Du und ich und mein Vater und Alle! Wir tappen blind durch die Welt, die doch so einfach ist, wie ein schönes Räderwerk. In der ganzen Natur haben sich Zwei und Zwei lieb und bauen sich ein Nest und sind darin glücklich. Nur die Menschen stoßen es immer herunter und sagen: es macht das Haus schmutzig! Ach Bruno! ich möchte in Deine Arme fliegen, mich ganz verbergen an Deiner Brust.

Deine

Ulla.

Welch Kind Du bist, mein kleines Weib, und welch Weib Du bist, mein feines Kind! Du möchtest sterben, damit ich nicht leide? Ja, das wäre allerdings leichter als leben, aber ich lasse Dich nicht! Ich will, daß Du lebst, für mich, durch mich und in mir, und davor schrickst Du zurück!

Besitzen will ich Dich ganz und gar, hörst Du es, Du Fürstenkind? Jedes Atom an Dir soll mein werden, und des Himmels und der Erde spotte ich, wenn ich Dich im Arme halte. In jeder Nacht träume ich, daß ich Dich in meinen Armen trage aus dem Vaterschloß in mein düsteres Haus, und ich wache auf, weil ich ein Streicheln

Deines Lockenhaars an meiner Wange gespürt. Dann bleibe ich wach und warte des Tageslichtes, und wenn es kommt, fluche ich ihm, denn es raubt mir die wachen Träume. Wie irre beginne ich so jeden Tageslauf.

Es giebt kein Glück in der Liebe, das weiß ich jetzt, nur Verzweiflung. Vielleicht im Besitz, aber Du weigerst ihn mir ja! Manchmal, nein, oft, fahre ich mir über die Stirn in die Haare und will mich zum Bewußtsein zurückbringen, denn ich kann es nicht fassen, daß ich nicht das über Dich vermag!

Freilich, Du hast recht in den Augen und nach der Auffassung der sogenannt vernünftigen Menschen: Wer hat schon einmal davon gehört, daß man nach 14 tägiger Verlobung (morgen sind es zwei Wochen her, daß wir das erste Wort mit einander redeten) nicht ohne einander leben kann! Aber ich bin nicht wie sie, und Du warst es einmal auch nicht. Jetzt allerdings, - jetzt hörst Du auf Alle, außer auf mich. Die Gesetze der niedrigsten Thiere, — für welche mir die meisten Menschen gelten — die willst Du über die meinen stellen? Wenn ich Dir sage: „es ist recht so“, wie kannst

Du Dich da noch besinnen? — wenn Du mich
wirklich liebst! Du sollst keine anderen Gebote
kennen, als die meinen, das steht, glaube ich, sogar
in Deiner heiligen Schrift? Deine Art von Liebe
begreife ich gar nicht. Brauchst Du etwa Anderer
Autorität? Die Weisen aller Länder und Zeiten
haben stets gesagt, daß die Liebe das höchste Ge=
setz ist, weil es eben die einzige reale, in der Natur
begründete Empfindung ist.

Doch Du hast nie blind gehorchen mögen,
sagtest Du, darum will ich auch keinen blinden
Gehorsam fordern, sondern ich will Deinem klei=
nen Kopf mit seiner männlichen Klarheit meine
Meinung unterbreiten. Ruhig sachlich will ich Dich
überzeugen, bis Du einsiehst und erfaßt, daß Du
mir folgen mußt, — weil ich recht habe!

Du hast gar keine Pflichten gegen Deinen
Vater, er hat nur welche gegen Dich! Du bist
ihm keinen Dank schuldig dafür, daß er Dir das
Leben gab. (Deiner armen todten Mutter nur!)
Er schuldet Dir unendlichen Dank für all die
Sonne, die Du, liebreizend Kind, in sein Dasein
brachtest.

Nur durch die ganze Hingabe seines Lebens

könnte er es Dir lohnen. Doch er denkt nur an sich.

Du willst mir erwidern, ich denke auch nur an mich? Aber Du irrst: mein Sinnen und Trachten gilt nur Dir und unserer Liebe. So- lange Du mich liebst, bist Du nur mit mir glück= lich, drum habe ich das Recht, Dich zu fordern. Und ich fordere Dich, immer und immer wieder, von Deiner eigenen Einsicht, von Deinem Herzen, von Deinen fünf Sinnen. Das Unglück der Menschheit wurzelt in ihrer Feigheit! Feigheit in den persönlichen Beziehungen, Feigheit der über= kommenen Gewalt gegenüber, Feigheit vor der großen Naturgewalt. Ulla, weißt Du denn nicht, daß jeder Augenblick, der verrinnt, unwiederbring= lich verloren ist? Er ist nicht nachzuholen, er ist dahin, denn unser Leben ist endlich, ist begrenzt.

Wenn ich früher nichts erstrebte, war es oft in dem Gefühl: „wenn Du die höchste Wahrheit verkündet, die bisher ein Menschenhirn geboren, — nach einigen Jahrtausenden ist sie Unwahrheit und mit Deinem Namen vergessen, wie die der Mumien in den Königsgräbern." Einige Jahr= tausende genügten aber meinem Ehrgeiz nicht!

Was ich jetzt erstrebe ist ewig, nichts kann es er=
tödten, — denn ich habe es genossen, es füllte die
Stunde aus, in der es war. Was ist die höchste
Leistung meiner Fähigkeiten gegen den Augen=
blick, in dem ich Dein Haupt an meiner Schulter
fühlen, mit meiner Hand durch Deine Locken gleiten
darf? Das ist der einzige Augenblick wirklichen
Seins in meinem phantastischen Scheinleben, Du
zartes Gebilde! Manchmal, wenn ich daran denke,
wie Dich der rauhe Mann zermalmen wird in
seinem starken Arm, dann überkommt mich wie
ein Mitleid mit dem holden, ahnungslosen Kinde.
Ich glaube, ich lasse Dich keine Luft athmen als
die, welche durch meine Lungen ging, Du meine
Göttin, meine Herrin, Du mein Mädchen!

Mein Mädchen! Verzeih mir, verzeih mir die
ganze wilde Art meiner Natur! Vielleicht hast Du
recht? Ich will mich ja beugen lernen, ich will
es wirklich versuchen, — aber ich kann es nicht.
Lieber wie ein Hund sterben, als den Gedanken
ertragen, daß Dich die Deinen im Schloß herum
hetzen, daß Dein kleiner Fuß müde wird im Auf=
trag der „Anderen". Setze ihn mir auf den
Nacken, zerstampfe mich mit ihm, aber gieb ihn

nicht in den Dienst der Andern. Ulla, Ulla, habe
Mitleid mit mir und sei stark! Ich gehe zu Grunde,
wenn Du die Deinen schonst, sei mein! Die Welt
ist ja groß; und im Uebrigen, was kümmert sie
Dich, wenn Du sie innerlich überwunden? Was
schert Dich der Fluch oder der Beifall der Menge,
wenn Du sie ihrem Werth nach achtest? Was
kann die übrige Menschheit Dir noch anhaben,
wenn ihr Wort nicht Dein Wort, ihre That nicht
Deine That, ihr Sinn nicht Dein Sinn ist? Was
vermag der Himmel selbst über Dich, wenn Du
an ihn nicht glaubst? Sieh in mir Deine Welt
und Deinen Himmel, wie ich in Dir.

Ich sollte Dich geringer achten, weil Du über
die Vorurtheile Deiner Kaste herausragst? Nein!
Frei schuf Dich die Natur und frei sollst Du Dich
geben, mir geben. Am Wolkensaum wollen wir
wandeln Hand in Hand, und was Deine Phantasie
nur ausdenken kann, will ich Dir schaffen, ich allein,
aus meiner endlosen Liebe, die meinem Geiste
göttliche Weiten geben wird.

Und doch bin ich ein Erdgeborener und ver=
mag nichts! Nicht einmal über das Weib, dem
ich mein heißes Lieben darbringe! Ach, Ulla, Ge=

benedeicte, meine Liebe grenzt an Haß, erhöre sie, oder ich zwinge Dich, sie zu erhören!

Dein

Bruno.

Da kommen eben Deine Visitenkarten schon an! Ich hatte zwölf verschiedene Versionen be= stellt; einige nur für mich. Wenn Du, meine kleine Frau, mir z. B. eine Nachricht in eine Universi= täts=Sitzung zu schicken gehabt hättest! Ich hatte darauf gerechnet, daß es oft vorkommen würde, denn von jeder Lesart hatte ich 500 bestellt. Nun ich das große Packet sehe, kommt mir vor, als wäre ich etwas maßlos gewesen? Du meinst das am Ende auch??

Dabei hatte es mir viel Scherz beim Bestellen gemacht! An der Visitenkarte wollte ich immer schon sehen, in welcher Stimmung mein kleines Weib sich befände. Wenn sie mir grollt, kommt die „Durchlaucht" zum Vorschein, hat sie mich sehr lieb „Ulla", — und jetzt liegt das zur Ironie auf meinem Tisch! Dein Briefpapier trifft auch bald ein. Sogar mit Deinem Wappen will ich

Dir gestatten zu schreiben; ich kam mir sehr großmüthig vor, als ich es Dir in schönen Gold= farben bestellte. Dabei hoffte ich innerlich, Du würdest auch großmüthig sein und es verbrennen, oder nur zu Briefen für das blinde Uhlchen verwenden?

Wenn Deine Möbel kommen, richte ich Deine Zimmer ein. Die Stadt wird mich dann, wie meine Haushälterin, für wahnsinnig erklären; ich werde es auch, wenn Du mich lange vor dem leeren Ruhesessel knieen läßt.

Bruno.

Mein Ein und Alles! meine Ewigkeit! mein ganzes Sein! Der liebe Gott hat Mitleid mit mir gehabt und hat mich zum allererstem Male im Leben krank werden lassen, damit ich nur an Dich denken dürfte! Ach wie war das schön! denn ich sah Dich Tag und Nacht und dann vergaß ich selbst das entsetzliche Kopfweh, das meinen Kopf auf's Kissen nagelte, als wäre er mit einem eisernen Ring umklammert und ange= kettet. Ich konnte nicht einmal die Augen schließen vor Schmerzen und bald wollte ich sie auch gar nicht schließen, denn Du warst da, bald im Vor= hang versteckt, bald auf dem Stuhl neben mir und in der Nacht meinte ich sogar, ich hielte

Deine Hand. Ich schickte auch Alle fort, die mich pflegen wollten, und lag ganz allein; denn wenn ein Anderer hereinkam, dann warst Du fort, Du Eifersüchtiger! — und es dauerte oft eine halbe Stunde, bevor Du wiederkommen wolltest. O Bruno! Bruno! Bruno! wie sehne ich mich nach Dir! denn nun bist Du fort! Ich starre in alle Winkel, ich schließe die Augen, ich halte den Athem an, aber ich sehe Dich nicht mehr. Alle Leute freuen sich, daß ich so schnell gesund geworden bin, und ich bin böse auf meine eiserne Natur, die mir mein einziges Glück raubt!

Ich glaube wahrhaftig, Hermes, Du hältst Frauenliebe für etwas Schwächliches, weil Du ein Gott bist, und meinst die Welt mit Deinem Fuß zu erdrücken und vergissest, daß wir Frauen so viele Arme haben wie der Epheu. Wir können nicht losgerissen werden, ohne zu sterben, wir können nur umfassen, immer mehr, immer stärker, immer tiefer und unlösbarer. Das macht, daß wir dem wildesten Sturme Trotz bieten; dies ist unsre Kraft. Wir können gar nicht Eines loslassen, um das Andre zu umarmen; nur im treuen Festhalten liegt unsre Stärke und je tiefer die Wurzeln in

die eine Stelle gesenkt sind, je kräftiger breiten sie
die neuen Zweige aus, das Neue zu umstricken.
Du willst mich an Dich reißen? Das brauchst
Du nicht zu thun. Ich komme ja! ich wachse Dir
entgegen! ich halte Dich schon mit tausend wunder-
feinen Würzlein; ich will Dich umschließen, daß
es ist, als wäre ich niemals ohne Dich gewesen.
Aber wenn Du mich von meinem alten Gestein
ungestüm losreißest, so hältst Du nur ein paar
kraftlose Zweige in der Hand, die leiden und
kränkeln und Dich nicht fest umschlingen können.
Es giebt einige Frauen, die sind Libellen, und
Andere, die sind Schwalben. Aber selbst die
Schwalbe sucht ihr heimathliches Nest. Es giebt
auch Camelien unter den Frauen und Orchideen,
berauschend prächtig, denen jedes Treibhaus gut
ist, — ich bin Epheu, nur ein kleiner, dunkler,
unscheinbarer Epheu, von einem uralten Gemäuer.
Ich bin nicht berauschend, nicht farbenreich und
prächtig; ich kann nicht flattern und schweben. Ich
kann nur mit starken Armen halten für ewige Zeit.

Nimm Dich in Acht, Hermes, Du heidnischer
Gott, mir mit der Bibel zu kommen! es steht ein
Sprüchlein darin von des Vaters Segen und der

Mutter Fluch, das ganz unangenehm klingt. Und wenn Du nicht ein so großer und arger Heide wärest, dann würdest Du sagen wie ich, daß der liebe Gott uns diese Zeit der Leiden und des Kampfes schickt, um uns Herz und Nieren zu prüfen ob unsre Liebe auch stark genug ist für die Ewigkeit. Du willst mein Gott sein und mein Himmel? Ja, Hermes, möchtest Du das wirklich? Denke Dir, ich glaube es nicht, denn Du willst mich ganz allein lieb haben und das darfst Du nicht, wenn Du ein Gott bist; dann mußt Du Alle gleich lieben und das wäre mir gar nicht recht. Du darfst auch keine Leidenschaften haben und ich will von Dir erdrückt sein, ja sogar miß-handelt, gescholten, gestraft, was Du willst; nur sollst Du nicht in ferner, heiterer Ruhe auf mich kleines Erdenwurm niedersehen, als hätte ich keinen Theil an Dir! Das ist z. B. gar nicht göttlich, mir vorzuschlagen, davonzulaufen, außer wenn Du den Papa Zeus für einen genügend großen Gott erklärst. Mir wäre er nicht genug. Ein Gott darf nur geben, nicht haben wollen. Und Du willst recht viel haben, wie mir scheint. Du er-findest sogar Naturgesetze für Dich, für Deinen

15*

Privatgebrauch! Nächstens wirst Du mir sagen, Väter seien überhaupt ein ganz fehlerhaftes Institut. Nur sage mir auch: Was sind dann die Kinder? Ich bin meinem Vater keinen Dank schuldig, sagst Du? O Hermes! Wie ungerecht! Weißt Du, was er mir gesagt hat? Er hat mir erzählt, er habe meiner Mutter versprochen, ihrem Kinde keine Stiefmutter zu geben! Für mich hat er sich geopfert! Für mich hat er das ganze, lange, einsame Leben ertragen, mit lauter Krähen und Dohlen und Eulen als einzige Gesellschaft! Für mich hat er darauf verzichtet einen Sohn und Erben zu haben, vielleicht das größte Opfer, das man in unserem Stande bringen kann! Und bis vor Kurzem hatte er doch rein nichts von mir, nichts als ein wildes Kind, mit dem er nicht drei vernünftige Worte sprechen konnte und das ihm doch nie, nie eine Frau ersetzen kann; denn sobald es Frau wird, gehört es einem Andern. Sei ehrlich, Bruno, nicht ganz blind und taub in Deiner Berserkerwuth, und sage, daß ich kein gottvergessenes Kind sein kann!

Du sagst, es giebt kein Glück in der Liebe! Hermes, guck mir einmal in die Augen, aber so

ganz, ganz lang und tief, sowie die letzten Tage
und sage das noch einmal! Und siehe! Da schleicht
widerwillig ein Lächeln um Deine Lippen und in
Deine Augen, wie Sonnenglanz, Du böser Knabe;
Am Rhein sagt man: Krus Häärche, krus Sinnche!
Und krause Haare und krausen Sinn hast Du!
Hu! ich werde mich am Ende gar noch fürchten,
wenn mein Herr und Gebieter zürnt! Du hast
einmal gesagt, Du möchtest mich quälen bis ich
weine und mich dann herzen und trösten, wie ein
Kind! und wenn die Andern mich quälen, so
willst Du sie todtschlagen vor Wuth! Wer ist
das Kind von uns Beiden, Du oder ich? —

Du mußt aber wissen, mein Herr, ich weine
nicht so leicht, ich bin ein ganz großer Trotzkopf,
gar nicht butterweich, immer am Schmelzen und
Tropfen, wenn ich an's Feuer komme. Im Gegen=
theil, das Feuer stählt mich, und Du wirst eher
Funken aus mir schlagen, als Du mich schmelzen
kannst. Du hast Dir immer eingebildet, wir
Frauen könnten überhaupt nicht selbständig denken;
wir dächten stets nur an den Mann und durch
den Mann, den wir lieben. Und nun bist Du
ganz erstaunt, daß ich nicht mit einem Schlage

Alles über Bord werfe, was mir bisher heilig
war. Das finde ich denn doch zu viel verlangt
und beruht auf einer Einseitigkeit. Mein Herr
Socialist und Volksbeglücker findet die Freiheit
das höchste Gut, so lange ihm Keiner widersteht;
aber daß man eine andere Meinung haben könne
als er, scheint ihm so unmöglich wie ein Traum.
Du wirst doch am Ende nicht gar ein Despot
sein, mein Geliebter? Früher freutest Du Dich
meiner Selbständigkeit, heute möchtest Du sie vernichten. Früher sollte ich wild sein wie ein
Knabe, heute möchtest Du mich biegen können
wie einen Grashalm. Nein Hermes, Du göttlicher
Gelehrter, Du bist nicht ganz logisch, trotz Deiner
großen Weisheit, vor der ich mich ja immer gebeugt habe, von der ersten Stunde an. Du nennst
es feige, wenn ich mein Vaterhaus nicht wie ein
Dieb in der Nacht verlassen will!

Bruno, denke nur, was Du von Andern sagen
würdest, die das thäten! In meinen Augen wäre
das Feigheit. Es gehört mehr Muth dazu, die
schlimmen Stunden zu ertragen und alle Vorurtheile durch Geduld und nie wankende Liebe zu
besiegen. —

Wenn Du eine Tochter hätteſt, ſo würdeſt Du ſie einem nichtsthuenden Edgar oder parfümirten Eduard, der von Sport lebt und der Schulden hat wie Haare auf dem Kopfe, um keinen Preis geben, und wenn ſie vor Dir auf den Knieen läge Tag und Nacht und ſagte, ſie müſſe vor Liebe ſterben.

Und Du hätteſt vielleicht recht, da ſie vor= ausſichtlich nicht glücklich würde in der fremden Welt, nachdem wir ſie zu feingeiſtigen Genüſſen und zu ernſter Arbeit erzogen. Du würdeſt denken wie mein Vater, ſie bilde ſich ein verliebt zu ſein, und man müſſe ihr die Kinderei austreiben erſt mit Ueberarbeiten, und wenn das nicht geht, mit Zerſtreuungen. Glaubſt Du es nicht, Bruno? Ich bin nämlich mit Zerſtreuungen bedroht. Man ſpricht von einer Verwandtenreiſe! —

Jetzt ſei nicht gleich wieder außer Dir. Ich werde Dir alle meine Studien und Beobachtungen ganz genau mittheilen, damit Dir meine Briefe doch etwas mehr bringen, vielleicht ſogar intereſſant werden! — Wenn ich nur Augen habe um die Anderen zu ſehen, da ich doch eigentlich immer nur Dich ſehe! — Die Viſitenkarten werde ich

dort umherstreuen, damit sich die Leute gleich an
meinen neuen Namen gewöhnen. Ich fände das
eine einfache, kurze und practische Art ihnen, meinen
festen Willen und Entschluß kund zu thun. Ich
sehe sie beständig an, als stünde etwas ganz
Merkwürdiges darauf, eine neue Welt, die sie mir
verrathen und enträthseln sollen.

Bruno, wäre ich doch bei Dir, wenn die Möbel
ankommen! Wie würde ich jauchzen über jedes
Stück und drum herum tanzen und Dir um den
Hals fliegen, viele hundertmal! es ist ganz un-
recht, daß Du allein unser Nestchen baust und ich
Dir nicht helfe. Aber warte nur, Du sollst noch
reich entschädigt werden! Ich schmiege mich an
Dein Herz, in Deine starken Arme; ich umschlinge
Dich bis zur Umstrickung und lasse Dich nie
mehr los!

Dein kleiner Rauchensteiner

Epheu.

Meine Heilige!

Deinen Brief habe ich mehrere Male durch-
gelesen, bis ich mich so weit sammelte, um Dir
antworten zu können. Nur daß Du krank warst,
verstand ich anfänglich, und mich überkam ein
Uebermaaß von Trauer, das in vollständiger
Regungslosigkeit besteht. Dazu mußte ich mir
Selbstanklagen machen. Als Du nämlich nicht
so bald schriebst, wie ich gehofft, bin ich Dir
sehr untreu geworden: ich habe zwei Tage und
zwei Nächte mit keinem Gedanken Deiner gedacht,
nur an meine Arbeiten, die ich seit Wochen schon
so furchtbar vernachlässige. Es ist wehmüthig, wenn

man sieht, wie schwach, wie persönlich wir Menschen alle sind, wie die Jagd nach Glück die Ernstesten ergreift: habe ich nicht sogar geschworen, daß Tod und Leben in Deiner Hand liegt, daß ich nichts mehr kenne, als Deine Liebe und meine Leidenschaft? Aber ich bin zum Bewußtsein zurückgekehrt, schon ehe Dein Brief anlangte, Du sollst jetzt mit mir zufrieden sein, der „Knabe" ist wieder Mann geworden. Verzeih ihm den Anachronismus.

Du hast recht, meine anbetungswürdige Ulla, vollkommen recht; es war Irrsinn, was ich hoffte und dachte. Ja, so Recht hast Du, daß ich den Tag schon nahen fühle, wo Du mir klar auseinander setzest, „logisch", welch beklagenswerther Irrthum Deine ganze holde Herablassung war. Diesen Tag sehe ich voraus, und damit er Dir nicht zu schwer wird, damit Du den Kelch nicht ganz zu leeren hast, — wie wäre es, wenn meine erlauchte Prinzessin schon jetzt das sie begradirende Du fallen ließe? Es war ja ein Traum, Durchlaucht, großer Gott, welch ein Frühlingstraum! Dem Narren von Plebejer ist es schon recht, daß es ihm den Verstand gekostet, wozu ist denn solch

Ungeziefer in der Welt, wenn es uns nicht zum
Amüsement dient? Es ist still auf dem Rauchenstein; der Kerl hatte „Race", wenn auch nur Hunde-
race; in ihrer Art war sie doch echt. Er brachte
etwas Leben und Abwechselung in das Gemäuer!
Man debarassirt sich schnell, zumal man sich ja nie
embrassirt; die Hand darf der Kammerdiener an
den großen Gnadentagen auch einmal küssen.
Vergeben haben sich die Durchlaucht nichts, die
paar Briefe muß er wiedergeben, sonst jagt man
ihm eine Kugel durch den Kopf. Unmündig war
das Kind auch; der Herzog kann getrost die kleine
unschuldige Affaire übersehen. Ich las nämlich
in der Zeitung, das man den Herzog von (ich
brauche Ihnen wohl nicht zu sagen, von welchem
gesegneten Land?) auf Rauchenstein erwartete.
Es stand in einem Wetzlarer Lokalblatt; vorgestern
war ich dort, ich hatte auf der Bibliothek der
alten Reichsstadt zu thun. Der betreffende Fürst
sucht wohl einen Ersatz für sein verwittwetes
Haus? Nach dem Gothaer Almanach hat er vier
Kinder erster Ehe, — eine schöne Aufgabe, ihnen
die Mutter zu ersetzen. Ich höre schon Ulla's
selbstloses Entzücken über die „heilige Mission".

Auf der Rückreise verſetzte ich mich ganz in die Seele einer jungen Prinzeß, welcher ſolche Aufgabe zufällt; ich glaube, ich beneidete ſie faſt! Genau kann ich es aber nicht ſagen, denn ich ſchlief viel in der Eiſenbahn.

Dem Epheu verglich ſich meine „Braut". Wie richtig, denn ſie rankt ſich um einen todten Stein, oder ertödtet und verhärtet erſt das Gemäuer, welches ſie zu umranken meint. Nein, die Prinzeſſin Ulrike zu Horſt-Rauchenſtein iſt eine Roſe, wie es deren viele giebt, die aber in jedem Exemplar doch eine Roſe und immer die Königin der Blumen iſt. Sie berauſcht Alle und ihrem Duft entzieht ſich Keiner, aber ihr mangelt die eigene Individualität, welche eben immer ausſchließlich macht. Vielleicht iſt es auch nur der Muth der eigenen Natur, — ich habe ihr nicht lange genug in die Veilchenaugen geſchaut, um das entſcheiden zu können. Sie will es mit Gott und dem Teufel halten, und das geht nicht, wer Gott liebt, muß den Teufel haſſen, oder umgekehrt, will er nicht dabei einbüßen. Sie ſagt aber ſtets: Beide haben recht. Ihr Vater hat recht und ihr Plebejer hatte recht! Ja, meine berauſchende Roſe, an

zweierlei Recht glauben, können nur die Mittel=
Naturen, sehr achtbar in ihrer Art, sehr nützlich,
aber für den sog. Fortschritt des Menschenge=
schlechtes wie die Maikäfer, tief unter den Göttern.
Uebrigens, — mich nie mehr einen Gott nennen,
das klingt mir wie Hohn, der es ja auch ist.
Ich bin höchstens ein Herkules, und dem reichte
Hebe erst nach seinem qualvollen Feuertode den
Labetrunk der Ueberirdischen. Wird übrigens ein
saubres Gebräu gewesen sein! Wenn das Ver=
brennen immer zum Olymp führte, könnte ich ihm
wirklich schon nah sein. Aber ich habe dort nichts zu
hoffen, denn ich halte auf Ausschließlichkeit; Hebe
ist zu alt geworden und hat zu Viele angelächelt,
— außerdem hat mir Ulla zu Horst=Rauchenstein
einmal den Trunk kredenzt, was ist mir da Hebe!

So bin ich an die Küste gezogen. In einer
Fischerhütte habe ich mir eine niedrige Stube
gemiethet, die Aussicht geht auf den tristesten
Strand diesseits des Abendsterns: vor der Thür
sind die großen Netze zum Trocknen ausgespannt,
an denen immer ein Bursche flickt. Mir wurde
mein Haus erdrückend; eine Huldgestalt schwebte
stets zwischen mir und meiner Arbeit. Ich ging

daher in der gestrigen hellen Mondnacht, deren
Schwermuth mich zum Wasser zog, hierher. Ich
blieb aber auf dem Lande, weil ich Mitleid mit
den Fischern hatte, denen ich alle möglichen Unter-
suchungen auf den Hals gezogen hätte. Und
Fischer sind ja auch Menschen, außerdem ist Selbst-
mord etwas Triviales, alle Spieler enden so, sogar viele Schauspieler, und ich war nie Einer.
Das würde Deinem Vater gepaßt haben, wenn
ich mich so wie ein Comödiant beim Mondenschein in die Fluthen gestürzt hätte.

Aber, Ulla, ich kann nicht geduldig werden,
wie Du. Es ist, als ob Du den Kreislauf des
Blutes willkürlich ändern wolltest. Du sagst mir:
Dein Puls soll nicht 100 Schläge in der Minute
geben, — aber er thut es, und diesem Factum
weicht der menschliche Wille. Dabei war ich früher
stolz, daß mir nichts versagt, daß es keine menschliche Regung gäbe, die ich nicht empfinden könnte.
Doch was rede ich von mir! Ich will lieber
aufhören und zu meiner Geschichte des Kunstsinns
zurückkehren, die hat mit Dir nichts zu thun. Bei
allen sozialistischen Fragen werde ich an Dich ge-
mahnt. Was ist eigentlich, physiologisch ausge-

drückt, die Kunstfreude? Darüber denke einmal
nach, dann schläfst Du, ohne daß ich Dir gute
Nacht gesagt.

Weißt Du, daß ich oft mit mir kalt zu Rathe
gehe und mir sage: was für einen Nutzen bringt
„sie" dir eigentlich, welchen geistigen Gewinn für
dein Streben? Sie hält dich am Irdischen fester,
du wirst durch sie gekettet; schon jetzt hat sie dir
die Ruhe der Arbeit, den Ehrgeiz des Schaffens
genommen; die sterbliche Seite deines Wesens,
das Herz, wird sie stets in dir kräftigen! Sie
selbst hängt an allen Vorurtheilen der Menschlich=
keit, an Religion, Familie, Ehe, — wirst du sie
je zu deinen reinen Höhen geistigen Erkennens
ziehen? Und wenn nicht? Wenn du am besten
Theile deines Geistes, deinem Mangel an jedem,
aber jedem Vorurtheil, doch allein stehen sollst,
wenn sie dich nicht fördert, sondern hemmt,
warum reißt du sie aus ihrer Bahn? Wie du
sie nie ganz verstehen kannst, wird sie auch dich
nimmer verstehen, und die größte Tragik des
Menschenseins wirst du fühlen, und was noch
schlimmer ist, soll sie vielleicht auch ahnen? Dein
Vater, Ulla, hat recht, er hat recht! Verzeih

das hochmüthige Wort: so hoch Du in Deiner
Kaste Geist über mir stehst, gerade so hoch stehe ich
in den Augenblicken meines reinsten Erkennens über
Dir! Ergänzen können wir uns nie.

Siehst Du, wenn ich mir das Alles klar ge=
macht, wenn ich den Abgrund fühle, der unüber=
brückbar zwischen uns liegt, zwischen mir und
jedem anderen Sterblichen, dann liebe ich Dich
am verzehrendsten, dann löst sich mein ganzes
Sein in dem Einen Stöhnen: Ulla, Ulla, nur
Einmal laß mich an Deinen Lippen hangen!
Kind, Weib, Engel Du, laß uns zusammen sterben,
da wir doch nie zusammen leben können! In
Einem Augenblick der Extase, wenn ich über mich
selbst hinaus gehe, kann ich Deiner würdig sein,
und Du wirst im brechenden Auge den Lichtstrahl
auffangen, an dessen Klarheit Du mich begreifst.
Dann haben wir Beide recht gehabt, wie Du,
holdes Mädchen, einmal sagtest, ja, Beide können
wir nur recht haben in dem Augenblicke, in dem
wir zusammen aufhören zu sein.

Es ist schon wieder Nacht! Mir scheint, als
wäre es nie Tag geworden. Für mich giebt es ja
keinen Tag, da Du nicht mein!   Bruno.

Mein Hermes!

Dein Brief hat mich überall gesucht und endlich doch gefunden, nachdem ich vor Sehnsucht
fast vergangen bin bei den „Zerstreuungen",
die mir aufgedrängt werden! Und nun schreibst
Du mir so wild, als wolltest Du alle Eisenstäbe
zertrümmern, die mein ganzes Leben um mich auf-
gerichtet hatte! Aber Bruno! Du weißt gar nicht,
wie weh Du thun kannst! Nein, wie ich geweint
habe! Natürlich bin ich Dir gar nicht, kein Bischen
nützlich; ich habe auch nie daran gedacht, daß ich
Dir anders nützlich sein müßte, als durch die
Gewalt meiner Liebe! Und ist denn meine Liebe

Aus zwei Welten. 16

nicht stark genug, Deine und meine Vorurtheile zu überbrücken? Für die Liebe giebt es doch keine Klüfte, da sie durch die Luft fliegt, für die Liebe giebt es kein Hinderniß, da sie körperlos ist, für die Liebe giebt es kein Mißverstehen, da sie selbstlos ist. Du glaubst Du wirst mich erschrecken, wenn Du so rauh wirst und hart, und ich erschrecke nur über das Maaß des Leides, daß Du durch mich erdulden mußt! —

Hier sind gute und brave Menschen, die trotz ihrer Kaste so reblich bemüht sind, sich der Welt nützlich zu machen! Der Graf ist ein Gelehrter und schreibt Bücher, während meine Großtante der Arzt der ganzen Umgegend ist. Bei Tag und Nacht wird sie gerufen, wie ein wirklicher Doctor, und unverdrossen macht sie sich auf den Weg und bringt Hülfe, wo sie nur kann. Die jungen Mädchen haben viele Interessen, lesen und musiciren und gefallen mir sehr gut in ihrer Einfachheit und Bescheidenheit. Morgen gehen wir zu einer andern Tante von mir. Wie entzückt wäre ich in früheren Zeiten von dieser Reise gewesen, und nun mache ich sie ohne viel Herz und Wärme, die Leute ahnen ja nicht, was mich beschäftigt. Ich muß immer denken, was sie wohl sagen würden wenn sie es wüßten! Würden sie mich steinigen? Würde diese Frau, die ein Arzt ist, die doch die Menschen besser kennen muß, mich verstehen? Schon zweimal war mein Geheimniß zwischen Zähnen und Lippen, aber jedesmal sagte sie zufällig etwas, das es wieder zurückdrängte. Ich habe auf einmal eine unnennbare Sehnsucht nach meiner Mutter! Wenn ich meine Mutter noch hätte, die würde mich verstehen und mir helfen. Ich beneide manchmal diese Mädchen um ihre Mutter, und sie scheinen gar nicht ihr Glück so recht zu begreifen. Sie finden es so natürlich, daß sie eine Mutter haben, als könnte es gar nicht anders sein. Ich hatte schon Lust es ihnen zu sagen. Aber dann sagte ich es doch nicht. Ich bin eigentlich sehr schüchtern, wenn ich auch die wilde Ulla bin, Du glaubst gar nicht wie schüchtern. Das macht wohl die Einsamkeit, in der ich groß geworden bin; ich weiß immer nicht recht, was ich sagen und nicht sagen soll. Im väterlichen Hause bin ich viel sichrer, aber draußen verliere ich ganz die Richtung, die Pole, d. h. ich habe nur einen Pol, der ist hoch im Norden, und ich würde glauben, daß er uner=

reichbar wäre, wenn mein kleiner Compaß nicht
so eigensinnig immer nur den einen Weg deutete.
Wenn ich nur einmal die Macht bekomme, mein
Schiff nordwärts zu wenden, dann sollst Du sehen,
wie es mit vollen Segeln fliegen wird! Ich denke
immer, nur ein Ruck und es ist geschehen. Dann
wird ein gütiger Gott sich über uns erbarmen
und meine Segel mit günstigem Winde füllen.
Siehst Du, Bruno, das ist doch eine große Hülfe
für mich, daß ich glauben kann, Gott lenkt und
schützt mich, und daß ich das feste Vertrauen habe:
Wenn Er will, so werde ich schnell Deine Frau!
Und warum sollte Er es nicht wollen? Für Ihn
giebt es keine Kasten, keine Standesvorurtheile
und Er sieht, wenn ein Mensch redlich seine Pflicht
zu thun bemüht ist und hilft ihm auch. Er be=
straft. nur das Auflehnen gegen Seinen Willen.
Er hat mir die Hand geführt, als ich Dir zum
ersten Male schrieb. Er hat uns nach Cöln ge=
führt, und gemacht, daß wir uns in dem großen
Saale fanden. Wenn Er das Alles gekonnt hat,
so kann Er auch noch mehr. O könnte ich Dir
doch meinen ganzen, tiefen, einfältigen Kinder=
glauben schenken, wie viel glücklicher würdest Du

fein! Du würdeſt ſo glücklich werden, wie ich
Dich gar nicht machen kann! Das iſt mein ein=
ziger Troſt, nun, da ich die Mutter ſo ſchmerzlich
entbehre, daß ich denke, Gott weiß noch mehr wie
die beſte Mutter und hat mehr Gewalt wie ſie!
Aber ich glaube auch, daß Er mich furchtbar
ſtrafen würde, wenn ich die Pflicht vergäße und
nur einen Augenblick gegen mein Gewiſſen handelte.
Nur das verlange nicht, denn davor fürchte ich
mich, und ich will mich niemals fürchten müſſen,
in meinem ganzen Leben nicht! War das denn
nicht Gottes Führung, daß Er Dich mir ſchenkte,
bevor ich den Wittwer mit vier kleinen Kindern
erblickte! Ich hätte ihn unfehlbar genommen,
obgleich er mir nicht ein bischen geſiel, nur aus
Mitleid für die mutterloſen Kinder! Denn was
wußte ich zuvor von Liebe? Ich glaubte ja gar
nicht daran, ich lachte darüber, und ich hätte es
ganz natürlich gefunden, mich für die Armen zu
opfern. Das hat doch der liebe Gott gewußt und
hat es beſſer mit mir gemeint. Wie ſollte ich
mich nicht auch nun unter Seine Hand beugen,
da es Ihm gefällt, die Kraft meiner Liebe zu
prüfen und ſie zu ſtärken durch Widerwärtigkeiten?

— O Bruno, Du könntest nie so bitter sein, wenn Du nur einen Augenblick so denken könntest! — Ich danke Gott so viel, daß mein Dank zur Bitte wird! Anders wage ich nicht zu bitten, so sehr denke ich, daß Er weiß was gut für mich ist.

Ich werde gerufen. Morgen reisen wir! Uebermorgen kann ich Dir erst schreiben, wohin Du mir den nächsten Brief schicken sollst!

Deine kleine Magnetnadel

Ulla.

Wanburg, den 30. Juni 1863.

Hermes! mein Hermes!

Es giebt einen lieben Gott im Himmel und auf der Erde und in der Menschen Herzen, und manchmal, manchmal macht er ein klein wenig Seinen Himmel auf und läßt uns hineinsehen, damit wir getröstet weiter wallen können.

Kaum hat mich die Tante gesehen, so hat sie zu meinem Vater gesagt: „In 8 Tagen reisen wir nach Ragaz und Du sollst mir Dein Kind mitgeben, lieber Schwager! Sie sieht zart aus, etwas anämisch, so blaß und tiefliegende Augen und die Hände so weiß. Du sollst sehen, in 6 Wochen bringe ich sie Dir blühend wie eine Rose zurück!"

Der Vater seufzte, sah mich an und sagte: „Ja!"
— Fast wäre ich auf die Knie gefallen vor Dank=
barkeit! Hermes! nun schnell! Sei Du vor uns
in Ragaz! Laß Dich der Tante so wie von un=
gefähr vorstellen; sie hat eine Passion auf gelehrte
Leute; dann machst Du Dich ihr so angenehm,
daß sie Dich den ganzen Tag haben muß, zu allen
Parthien und jeden Abend! Hermes! Bruno!
Mein Alles! Mein Leben! Nun seh ich Dir in
die Augen, bis ich mich satt gesehen für all das
furchtbare Entbehren! Ich möchte ganz klein sein
und ganz in Dich hinein kriechen, überhaupt nur
in Dir sein, gar nicht mehr für mich allein! Ach
Bruno! Mir ist es, als müßte ich zerschmelzen an
der Sonne solch einer urgewaltigen Liebe! Denn
nicht wahr, Du hast mich doch so lieb, so furcht=
bar lieb, als könntest Du mich tödten vor Liebe!
Ja, ja ich weiß es! O ich weiß es ganz gewiß!
Du hast mich ja schon fast getödtet mit Deinen
bittern Worten! Und Du wußtest, daß Du mir
weh thatest und schriebst sie doch! Du brausender
Sturmwind! Komm! komm! Fülle meine Segel.
Trage mich! führe mich! Und wenn ich untergehe
durch Dich! Ich will lieber untergehen, als ohne

Dich leben! Ich weiß, Du kommst! Und doch,
schreibe mir dies eine Wort, damit ich es herum=
tragen kann, bis ich Dich habe! Ich wollte jedes
Wort wäre ein Blick, dann würdest Du sehen wie
meine Augen strahlen! Ich fühle, daß sie strahlen
und muß die Verräther deshalb oft senken, wenn
man sie ansieht, damit sie mein Geheimniß nicht
ausplaudern! — Wie sonderbar! Ich mache
mir gar kein Gewissen draus, an dieser fremden
Tante einen ganz kleinen Betrug auszuüben! Da
bin ich nun ganz leichtsinnig und ordentlich über=
müthig, und wenn Du dort bist, so wirst Du ja,
schon wissen, ob wir etwas sagen sollen oder nicht.
Denn merken wird die nichts. Sie hat nie Kinder
gehabt und schwebt immer in den Wolken, bei
Kant und Schelling und all' diesen Herren. Ach!
ich fürchte, Du wirst viel langweiliges Gerede
hören müssen! und daran bin schon wieder ich
Schuld. Eine alte kurzsichtige Gesellschaftsdame
ist dabei und die Nichte, ein älteres junges Mäd=
chen, dem Du nur fleißig die Cour machen mußt!
Hermes! ich lache mich todt! Wie kannst Du den
Hof machen? Wirst Du ihnen einige Deiner Zucker=
plätzchen an den Kopf werfen, mit denen Du mich

so freigebig tractirt haft? Meine Tante meint,
daß sie mich sehr gern hat und will Aehnlichkeiten
mit ihrer Schwester finden! Nun bin ich aber
Rauchensteiner Ausbruch, wie Du einmal gesagt
hast und gleiche doch so sehr meinem Vater, als
hätte ich es förmlich darauf angelegt. Ach! Hermes!
Wie werden wir oft zusammen lachen! Bitte
bitte, komm! Die Post geht ab, ich muß eilig
den Brief schließen! Ich zähle die Stunden bis
zu Deiner Antwort! Was kann ich nur anfangen,
um nicht zu ersticken vor Freude!

Deine

Brant.

Großmächtige Herrscherin!

Du dekretirst wie eine echte Prinzeſſin: ſei Anfang Juli in Ragaz! Ja, ja, das wäre ſchön, aber ich bin ein gewöhnlicher Unterthan, der Pflichten hat und gebunden iſt; vor Anfang Auguſt giebt es keine Freiheit. Es iſt auch gut, dann kannſt Du Dir inmitten Deiner hohen Verwandten die herzögliche Angelegenheit mit den 4 Kindern noch überlegen! Ich habe Bücher an Dich geſchrieben, ſeit meinem letzten Briefe; es iſt recht gut, daß ich es gethan, aber auch gut, daß ich ſie zerriſſen. So habe ich die genügende Apathie errungen, um Dir „wie ein Menſch" zu

antworten und Du haſt keine Laſt durch mich
gehabt.

Holdes Kind, ich glaube, ich haſſe Dich! Ich
leſe alle Deine rührenden Blätter einmal, zweimal, dreimal, unzählige Mal; wenn ich ſie dann
aber aus der Hand lege, lache ich höhniſch auf;
und wenn ich mich hinſetze Dir zu ſchreiben, bin
ich wie ein rohes Thier, ohne jedes Gefühl.
Jeder Blutstropfen in mir iſt vergiftet, ich athme
nämlich keine Luft mehr wie andre Menſchen, ich
athme nur Liebe ein, und die hat keinen Sauer-
ſtoff, ſcheint's. Um mich noch mehr zu quälen,
ſchreibſt Du nun von Deiner „weißen Hand“.
Auch das habe ich Dir angethan? Deine Jugend-
kraft gebrochen? Du ſollſt kein Wort mehr von
mir hören, wenn das Dich geſund machen kann?
In Verzweiflung

Dein

Sklave.

Natürlich reiſe ich morgen mit oder ohne Ur-
laub in die Schweiz. Das brauche ich Dir wohl
nicht erſt zu ſagen? Das Uebrige kannſt Du mir
überlaſſen.

Ragaz, den 11. Juli 1863.
Quellenhof, Z. 21.

Das bist Du? So siehst Du aus? So gehst
Du? Diana, Diana, wirf den Köcher über die
schlanke Schulter und erlege mich. Du bist kein
irdisches Weib! Ich kann Dich nicht noch einmal
wiedersehen, ich wage es nicht. So wunderbar
sind Deine blauen Augen? So herrlich die Glie=
derung Deiner hohen Gestalt? Warst Du damals
schon so schön, als ich Dich zuerst erblickt? Dich
nenne ich „Du"? Ja, wie man zu den Göttern
spricht, weil unsere Sprache kein anderes Wort
hat. Ich gehe von hinnen; mein Streben war
zu vermessen! Wie soll ich Dir nahen? Sei nicht
so berückend, Du unschuldsvolles Mädchen! Da
höre ich Dich lachen unter meinem Fenster! Gro=
ßer Gott! ich werde irrsinnig vor Sehnsucht!

Ragaz, den 12. Juli 1863.

Mein Geliebter!

Bis Morgen Mittag von Dir getrennt, muß
ich Dir noch schnell einen Gruß schicken und Dir
sagen, daß Du Dich meisterhaft benommen! Die
beiden Fräuleins sind Deines Lobes voll, und
die Tante liest eifrig, um morgen à la hauteur
de la conversation zu sein. Sie räth mir, mich
von Dir belehren zu lassen, und ich sage: „Wenn
Du mir dazu Zeit läßt, Tante!" Wenn sie
gewußt hätte, wie mir's war, als wir hier an-
kamen, und ich zum Fenster hinausguckte, nach
der schönen Aussicht! Und im Bahnhof da stand
mein Hermes und sah mich von weitem an! Mir

schwindelte so, daß ich nach der alten Dame Arm
griff, um mich zu halten. Es war ein Meister-
streich, Dich gleich der Alten vorzustellen, mit
dem Wunsch, der vielgepriesenen geistreichen Fürstin
präsentirt zu werden! Wirklich, Du wirst noch
ein Diplomat! Du bist großartig! Morgen werde
ich es schon machen, daß der Spaziergang sehr,
sehr lang wird, viel länger als er projektirt ist!
Nun müßtest Du noch Leute finden und vorstellen,
damit Du nicht der Mittelpunkt des allgemeinen
Interesses bleibst, und wir öfter zusammen sprechen
können! Ach Hermes, ich bin zu glücklich!

Ulla

Mein Rothkopf!

Es hat doch seine Vortheile, ein Lieb mit „Race" zu haben!

Donnerwetter, Du hast eine Dosis Selbst=beherrschung! Ich bin noch ganz ergriffen von Dir, mir schwindelt es, weil ich Dich, Dein wirk=liches Sein, nicht mehr meine Einbildung, gesehen; — und Du gehst an mir vorbei, als sei ich Deines Hauslehrers Sohn, mit dem Du täglich Nüsse geknackt, und lächelst mir freundlich zu Wenn ich, —

Da kommt Dein kleiner Brief durchs Fenster geflogen! O Du allerliebste kleine Intrigantin!

Ich gabele gleich einen alten französischen Grafen
auf, der Mitglied der Akademie ist und täglich
Forellen hier ißt „zur Kur". Den, mit zwei ameri=
kanischen Diplomaten, welche im „Hof Ragaz"
wohnen, führe ich morgen in's Treffen. Die
Amerikaner sind furchtbar arg darauf, wie alle
Demokraten, einer wirklichen Fürstin vorgestellt
zu werden, ich kenne sie zufällig aus Berlin.
Zieh morgen ein weißes Kleid an, willst Du?
Hast Du eine rothe Rose dazu in der Hand,
heißt es, daß Du mir gehorchen willst. Ich habe
nämlich für übermorgen einen Plan: Vom Kur=
garten, in den Du ja allein gehen kannst, führt
ein kleiner Fußsteig, ein wenig bergauf, zur Chaussee
nach Wartenstein. Der Weg führt durch den
Wald, von sechs Uhr Morgens an erwarte ich
Dich da. Bitte, bitte sei muthig. Außerdem müßt
Ihr aus der Solitude in's Haupthaus ziehen,
damit wir unter demselben Dache sind, da können
wir auf dem Flur uns begegnen, Du läßt etwas
fallen, — wie's auf dem Theater immer geschieht
— und so tauschen wir die Briefe aus. Ver=
traue uns nicht etwa Deiner Kammerfrau an, ich
hasse alle Kammerfrauen und werde Dir nie ge=

statten, eine zu halten. Morgen werde ich Deine fürstliche Tante vor den Miasmen des Teiches, welcher vor der Solitude liegt, warnen; ich sage man bekommt dort den Typhus. Außerdem mußt Du das russische Kegelspiel im Garten frequen= tiren; aber Crocket spiele nie wieder; ich kann Dich nicht so graziös hantiren sehen, ich beiße mir dann die Lippen blutig vor Wuth, daß ich Dich nicht umschlingen und weit davon tragen kann.

Ach Mein! Mein! Mein! Wer sagt die
Seligkeit von dem Augenblick mit Dir! Wir
waren doch ganz allein, Du und ich in der Welt,
wie die seligen Götter! Nur ein Augenblick, der
Erste! Und ich lag in Deinem Arm, an Deiner
Brust, zu unsern Füßen die Ferne im Sonnenglanz, um uns her die Riesenberge, die klein waren
vor unserm Glück! Wenn die Ewigkeit ein Augenblick ist, dann war es eine Ewigkeit! Denn es
war, als hätten wir uns ewig. Es gab kein
Gestern und kein Morgen! Es gab nichts als
unsere Liebe! Bruno! ich könnte sterben vor Glück-
seligkeit! Ich bin es gar nicht werth, Dein zu sein,
wenn ich nicht den Kampf aufnehme und ausfechte!

17*

Nicht feige fortlaufen, nein, die Stirne bieten, feststehen und sagen: „Ich werde sein Weib, und wenn die Welt zusammenstürzt!" Ich möchte nur immer fort ganz leise sagen: „Bruno, Bruno, Bruno!" so wie die Mohammedaner Allah, Allah sagen, bis sie sich im Himmel wähnen! Ich denke nichts, ich fühle nichts, ich weiß nichts, als daß ich Deine Braut bin, und daß Du mir den ersten Kuß gegeben, und daß Du gesagt hast: „Mein Alles!" Ach Gott, wie habe ich Dich so lieb! Wenn ich nur nicht sterbe vor Glück!

Deine

Ulla.

Göttin, Du bist wirklich nicht erzürnt? Wenn
Du wüßtest, mit welchem Todesbangen ich auf
ein Briefchen hoffte! Mir kam vor, als wäre ich
Deiner unwürdig geworden, als hätte ich Dich
herabgezogen in meine menschliche, wilde Leidenschaft, da ich Dich berührte! Weißt Du, wie oft
ich Dich in meinen Träumen geküßt? So oft,
daß mir die Wirklichkeit ein Traum schien. Mit
Bewußtsein hätte ich es nicht gewagt, aber das
hatte ich gleich verloren, als ich Dein lichtes
Kleid in den Schatten der Bäume einbiegen sah.
Da ging ich Dir entgegen, und wie eigen! Wir
sagten kein Wort, ehe wir uns nicht umschlungen!
Ach, denk ihn nur noch einmal durch, den wonnigen

Augenblick, fühlst Du es noch, wie ich es fühle? Und nun schreibst Du, mit dem Zartgefühl der Frau, die wohl weiß was sie thut, mir solch ein himmlisches Wort! Du erlaubst mir, es Dir und mir zu gestehen, daß wir uns geküßt. Solch ein banges Wort „küssen", nicht wahr, Ulla, wir könnten es nicht laut sagen? Aber noch einmal thun, nicht wahr, das könntest Du auch?

Einzige, Kleine, sei vorsichtiger, adressire die Briefe für mich immer an Dich selbst. Wenn sie dann Fremden in die Hände fallen, erwecken sie keinen Verdacht; ich weiß doch, daß sie für mich sind. Und unterschreibe Dich nicht.

Den kleinen Amerikaner murkse ich nächstens ab! Stellt er sich da mit Dir auf die Terrasse der Ruine und schwärmt für das Rheinthal, von dem man doch nur einen so kleinen Streifen sieht, daß es ebensogut die Uranfänge des La Plata sein könnten! Und „Your Highness" begeistert sich mit ihm! Ihre Augen strahlen, — und das, wenn ich zwei Schritte dahinter gerade (mit welcher Ueberzeugung!) den gottlosen Lord Byron verdamme, um der Fürstin angenehm zu werden. Da schicke ich Dir die ganze Ansicht, Deinen Balkon mit den verhangenen Fenstern, den Kurgarten, Alles von „unserer" Bank aus genommen, nur begeistere Dich nie mehr mit Anderen drüber!

Heute Nachmittag achte darauf, kurz vor der kleinen Restauration auf dem Wege nach Pfäffers wachsen rechts oben Alpenrosen. Mein Wild=fang fängt gleich an, nach ihnen zu klettern und entschwindet uns hinter einem Felsvorsprung. Prof. Hallmuth klettert nach, um sie zu retten. Und was meinst Du? Wird er sie heil wieder in die Arme der Tante liefern?

Bruno! Ich bin, weiß Gott, eifersüchtig, aber ganz furchtbar eifersüchtig! Du machst unsrer Alten doch gar zu sehr den Hof! Sie ist so verliebt in Dich, daß sie überhaupt nur noch von Dir spricht! Wenn Du das manchmal hören könntest, es ist zum Todtlachen! Dann thu ich ungläubig, oder finde allerhand auszusetzen, dann wird sie ganz heftig und lobt Dich mehr!

„Schade, schade!" sagte gestern die Tante. „Was ist schade?" „Schade! schade!" „Aber Tantchen, was ist denn so schade?" „Das wäre ein Mann für Dich!" „So, meinst Du, Tante?" „Natürlich wäre es ein Mann für Dich, siehst Du es denn nicht selbst?" „Wie kann ich das

wissen, Tantchen?" „Ach Gott ja, ich weiß ja
schon wie spröde Du bist, und daß Du alle Män=
ner auslachst und von oben herunter behandelst,
wie dumme Jungen! Aber mit dem Professor
wagst Du es doch nicht, der dürfte sich's auch
schwerlich gefallen lassen! Er hat etwas Impo=
nirendes!"

Schön! dachte ich, nun wird die auch noch
närrisch auf Dich! Wenn mein Vater das wüßte!
Herr Gott, Bruno, es giebt eine Heimkehr! Und
wenn der Himmel bricht, — ich bin Dein!

Jetzt bin ich aber böse und muß schelten, ganz arg schelten! Hermes eifersüchtig! Nein, nein, das thust Du mir nicht an! Es soll zwar junonisch gewesen sein. Aber Juno hat auch viel von ihrer Göttlichkeit dadurch verloren! Wenn Du eifer= süchtig bist, fürchte ich mich gar nicht, sondern werde gleich wieder Bube! Nein, Bruno, das darfst Du nicht, das ist gefährlich! Mein Herr und Gebieter soll mir keine Schwächen zeigen; und Eifersucht ist Schwäche! Du verdientest, daß ich kein Wort sagte und Dich tüchtig mit dem dummen Jungen neckte. Aber ich fürchte, Du würdest dann alle Selbstbeherrschung verlieren, und dann wird der dumme Junge Alles merken und ausplaudern.

Schade! denn Du hättest es verdient und mich
reizt das Spaußteufelchen, das mir stets im
Nacken sitzt. Darum beichte ich schnell, damit der
Reiz, Dich zu necken, vergeht! Aber hör auf,
Bruno, sonst weiß ich nicht was ich thue! Wenn
ich unrecht habe, will ich vor Dir im Staube sein
und mich demüthigen, bis Du mir vergiebst. Wenn
ich aber nichts, gar nichts gethan habe, dann
darfst Du nicht die Locken schütteln; denn dann
zittert der Olymp gar nicht, und das Lockenschütteln
verliert das Imponirende, wenn es mal à propos geschah! Aber Bruno! Guck mir doch ein=
mal so recht in die Augen! Aber Du wolltest
nicht hineingucken, nein, Gott bewahre! Dein
kleiner Ulrich sollte die ganze Majestät Deines
Zornes fühlen und Du sahst nicht, daß er lachte!
Bruno, ich sage Dir, laß das Spaußteufelchen in
Ruhe und weck's nicht auf! Böse werden ist
nichts, aber Lachen ist schlimm! Du hast Dir
den Gegenstand meiner Neigung wirklich nicht an=
gesehen und sein Titel allein macht Dich krank! Er
ist ja so fade wie seine gerstenschleimfarbene Cra-
vatte, hat einen so dünnen Hals wie seine Busen=
nadel und so kluge Augen wie sein Nasenkneifer.

Mais vous me faites injure, mon seigneur et maître! Bruno! sei nicht kleinlich, denn das ertrage ich nicht. Sei anders als die Andern, sonst erniedrigst Du mich! Denke nur, fast könnte ich weinen und lache doch die ganze Zeit! Ich will mit Dir auf Wolken gehen, nicht auf der Landstraße!

Dein treuer Kamerad.

Nein, Herrin, eifersüchtig bin ich nicht, aber
wenn Du diese Zeilen liest, bin ich nicht mehr
in Deiner Nähe. Sorge nicht, ich komme schon
wieder, ich muß ja die Sklavenkette nachschleifen,
in's Hirn gebrannt ist mir das Galeerenzeichen,
ich kann mich nie wieder befreien, aber so lange
der Erzherzog bleibt, gehe ich in die Berge. Den
„Titel" findest Du so schön? Ein Erzherzog! Und
nun noch in Civil. Ein Mann, Du süße Maid,
kann sich vor Frauen in jede Form zwängen,
habe ich doch sogar Deine Tagesstunden adoptirt!
vor einem jungen Laffen, der jeden Augenblick
denkt, wie herablassend er ist, — unmöglich. Ich
bin zu gut erzogen, um ihm zu sagen, was ich

von ihm denke, aber er sagt mir in jeder Be=
wegung, was er vom Unterthanen=Verstand hält.
Und an seinem Arme hüpfteſt Du — remonſtrire
nicht, Du hüpfteſt, wie Du noch nie mit mir ge=
hüpft! — durch die Allee. Na, Du kannſt ja thun
und laſſen was Du willſt; da ich Dich dafür nicht in
Stücke brechen kann, geh' ich davon. Es giebt Dinge,
die ich eben nicht kann. Oh, Du wirſt mich nicht
vermiſſen, ich Dich auch nicht, ich gehe nach In=
terlaken und ſchaue die Jungfrau an, das iſt ganz
daſſelbe für mich. Immer ſchön, für Alle ſchön;
(den pouting-Mund haſt Du neulich auch dem
Franzoſen zugewandt) lächelnd über die kleinen
Sterblichen, die Dir nahen wollen, ja es iſt wirk=
lich ganz daſſelbe. Deiner Tante laſſe ich eine
reizende Epiſtel zurück, mit einigen Pfahlbauten=
Andeutungen.

Vielleicht wirfſt Du Dich in Deine ſeidenen
Kiſſen, Prinzeſſinnen haben, glaube ich, immer
ſeidene Kiſſen? und beißt in eins vor Aerger, daß
ich doch nicht eiferſüchtig bin? Denn Du ſiehſt ja,
daß ich es nicht bin, ich gehe ja fort, und er iſt
in Civil. Ja, wäre er in „Doppeltuch", das iſt
ſo was für kleine Mädchen. O Du Amazone!

Er ist fort, Othello! Du riskirst nicht mehr einen Mord zu begehen, oder mich in meinen Haaren zu erwürgen. Also kannst Du getrost wiederkommen, wenn Du Dich nicht inzwischen so sehr in die Jungfrau verliebt hast, daß Du mich darob vergessen, da Du findest, es käme ganz auf dasselbe heraus. Die Jungfrau hat sogar etwas vor mir voraus: sie widerspricht nie! während ich — o weh! — für meinen Widerspruchsgeist schon manchen Duckser erduldet! Wirst Du mich auch ducksen? Nimm Dich in Acht, Bruno! Ich verspreche nicht zu sagen, wie Kate: „Ja, der Mond scheint!" wenn es heller Tag ist. Sonst hätte ich jetzt gleich gesagt: Nein, Gott bewahre!

Mein Herr ist nicht eifersüchtig, gar nicht. Denn
er ist so selbstbewußt in seiner Göttlichkeit, daß
er gar keine Befürchtungen hegen kann! Gott be=
wahre! Es macht ihm Freude, wenn ich Alle an=
lächle! Er ist stolz, wenn sich die ganze Welt in
mich verliebt! — Dann würde ich sagen: Verzeih
mir! Ich hüpfte! — Während Othello gar nicht
weiß, daß ich neben ihm laufen muß, wenn er in
Eifer kommt und die ellenlangen Schritte macht!
Aber das zählt nicht. Das ist ganz natürlich und
versteht sich von selber! Solch ein hübscher Mensch,
der Erzherzog! Nein, und so verführerisch! So
ungeheuer interessant! Ein so würdiger Gegen=
stand, um in Othello's Hände zu fallen! Die
Uniform denkt man sich dazu. Wofür hat man
denn sonst diese „mächtige Phantasie“, für die man
schon ein paar Mal gescholten wurde als perniciös
für eine echte deutsche Hausfrau, die die Küchen=
und Waschzettel für werthvolle Manuscripte halten
könnte, oder gar Gedichte darauf schreiben! Komm
nur wieder, Othello! Ich will auch ganz gewiß
kein Schnupftüchelchen fallen lassen, selbst für Dich
nicht denn das könnte sich am Ende auch wider
mich kehren! Ich werde überhaupt etwas kühler

sein. Sonst wird es gefährlich, und mein Herr und Gebieter verlangt täglich mehr von mir. Was die Männer doch für Tyrannen sind! Kaum entrinnt man dem Vater, läuft man dem Mann in die Arme, und war der Erste Dictator, so ist der Zweite Despot! Und wir armen Frauen können uns gar nicht wehren! Dabei heißt man „Göttin!"

Die Katholiken sollen zwar auch ihre Heiligen durchprügeln, wenn sie ihre Bitten nicht gewähren!

Kate-Desdemona.

Nein, es ist nicht möglich, daß die schönste Zeit meines Lebens vorüber sein soll! Nein, Bruno, es kann nicht sein! Und doch fühle ich es an den glühenden Rebellen, die mir beständig wieder die Augen füllen und Niemand mir fortküßt! Ich fühlte einen solchen Schmerz in unsrer Scheidestunde, als wäre Alles vorbei, als ginge ich in den Tod. Nein, Bruno, wie kann nur das Herz so weh thun! Mir ist es, als wäre mir Erdreich, Sonne und Thau auf einmal entzogen, als hinge ich mit welkenden Blättern und verdorrenden Wurzeln im Winde, und würde kraftlos und haltlos geschüttelt. Ach! das ist nicht die Stimmung, in der ich meinem Vater begegnen darf,

18*

sonst muß ich im Kampfe erliegen, und der Kampf
wird heiß und ich müßte mit Stahl gepanzert
sein! Das ist keine Kunst, seinen Feinden zu
trotzen, das ist sogar ein Kinderspiel. — Aber
gegen seine Nächsten und Liebsten zu kämpfen,
dazu gehört Heldenmuth! Denn ich habe als
Waffe nur Liebe, um Liebe zu besiegen! Ist es
denn nicht ganz unnatürlich, daß ich einem hoch=
begabten Mann nicht gehören soll, bloß weil er
kein Graf oder Fürst ist? Und wäre er gar nichts
und ich hätte ihn lieb, so sehe ich nicht ein, wie
ein Mensch die Verantwortung auf sich nehmen
kann, ihn mir zu verweigern und Vorsehung zu
spielen. Warum habe ich denn keinen Grafen oder
Fürsten gesehen, den ich hätte lieben können! Es
giebt deren doch so viele und ganz brave und
gute Menschen, die auch arbeiten und sich Mühe
geben und nicht bloß reiten und jagen. Und wenn
sie alle Verdienste hätten, für Keinen hat mein
Herz einen Schlag mehr gethan, während es für
meinen Professor entzwei brechen will! Ist das
meine Schuld? O Bruno! Mein Freund! Mein
Geliebter! Mein Abgott! Ist es Sünde, einen
Menschen so lieb zu haben, daß man Fried und

Ruh und ewiges Seelenheil für ihn opfern könnte? Begreiffst Du, wie lieb ich Dich habe, daß ich im Stande bin, meinem Vater solchen Kummer zu machen! Früher hätte ich nicht etwas zu denken gewagt, das ihm nicht recht war, und jetzt will ich handeln, so handeln, daß ich ihm das Herz breche! Ach Bruno! Warum sehe ich Dich nicht mehr! Wenn Du da bist, so habe ich keine Zweifel und keine Angst. Sobald ich aber allein bin, wird Alles Nacht um mich, ganz dunkle stürmische Nacht und mir schwindelt. Vielleicht bringe ich ihm den Tod! Ach wollte er doch lieber mich todt schlagen! Dann wäre alle Qual vorbei! Begreiffst Du, daß ich mich fürchte?

Was wird er mir sagen? Was wird er sagen, daß ich die ganze Zeit mit Dir war und er hat es nicht gewußt! Er kann so fürchterliche Sachen sagen, Bruno, wenn er im Zorne ist. Nicht wahr, Du willst nie heftig gegen mich werden und mir Sachen sagen, die ich Dir nicht verzeihen kann? Du wirst immer daran denken, was ich Deinet= wegen gelitten, und dann wirst Du gut sein und Geduld mit mir haben?

*

Den 9. Mein Brief wurde unterbrochen, und weil ich so verweint aussah, wurde ich den ganzen Tag umhergeschleppt und krampfhaft zerstreut Heute standen wir am Rheinfall, von seinem Sprühregen überstäubt und in dem Donner und Brausen und Aufruhr um uns her näherte ich meine Lippen dem Ohr der Tante und sagte: „Tante! Bruno Hallmuth ist mein Bräutigam!" Sie mußte sich am Geländer festhalten vor Schreck. Es war gerade, als würde der Tumult zehnfach größer; denn es war unmöglich, ihre Antwort zu verstehen. Ich aber fühlte mich wieder so stark, als könnte ich dem Rheinfall trotzen und bekam eine Lust zu lachen. Ich hätte mich todtlachen können! Die arme Tante!

Sie zog mich fort aus dem Gedröhne und begann mich auszufragen, und ich erzählte ihr Alles, und dann kniete ich mich vor sie hin mit lachendem Munde und bat sie um Verzeihung für den Betrug, den ich die ganze Zeit ausgeübt, dann flog ich ihr um den Hals: „Sei mir doch dankbar, Tantchen, daß ich Dein Gewissen nicht beunruhigt, nicht belastet habe, sondern ganz allein die Schuld getragen! Du brauchst auch vor meinem

Vater nichts davon zu wissen; denn Du kannst mir
doch nicht helfen, ich muß es allein auskämpfen!
Ich wollte nur nicht von Dir Abschied nehmen mit
dem Gefühl, Dich die ganze Zeit und bis zuletzt be=
trogen zu haben, besonders da Du es in wenig Tagen
hören wirst. Mit dem Geheimhalten ist es nun
vorbei. Verzeih mir nur, Tantchen, und zürne mir
nicht, und denke, daß Du auch einmal geliebt hast!"

„Ich habe geheirathet, nie geliebt!" sagte die
Tante traurig. „Ich wollte, ich hätte geliebt und
nie geheirathet; Kind! laß Dir genug sein an
der großen Liebe und verlange nichts weiter, Du
wirst ja doch nicht glücklich!"

„So will ich lieber mit Ihm unglücklich, als
mit einem Andern glücklich sein!"

Es war ihr viel leichter um's Herz, da sie
wußte, daß mein Vater es weiß, und daß es nicht
unter ihrer Aufsicht passirt ist. Ich sagte ihr auch,
daß ich nicht ohne meines Vaters Einwilligung
heirathen wolle und daß ich ihm diese abringen,
abbitten, abtrotzen werde. „O weh!" sagte sie, „zwei
Rauchensteiner Trotzköpfe gegen einander! Wer
wird pot de terre und wer pot de fer sein?
Kind! Kind! Das endet nicht gut."

Alle meine Angst von gestern war fort: „Doch, Tante, wenn meine Liebe und mein Pflichtgefühl und mein ernster Wille nicht zuletzt den Sieg davontragen, so verdiene ich es nicht, glücklich zu sein! Du sollst sehen, Tante, ich werde sogar noch diese beiden Männer in Liebe zu einander führen, die nun Todtfeinde sein werden, und wenn ich den Sieg errungen, dann schreibe ich Dir, nicht eher!" —

„Dann bekomme ich nie mehr einen Brief!"

„Doch, Tante, ich bin Rauchensteiner Ausbruch, herber rother mit viel Feuer und Gerbstoff, ich ziehe Alles zusammen!"

Die Tante sah mich ganz traurig an, streichelte mir die Backen und sagte: „Wie sie glühen!"

„Ja, Tantchen, ich muß jetzt wie im Rausch sein, sonst kommt die Angst wieder, die mich lähmt, diese entsetzliche, kehlenzuschnürende Angst, die ich fast nicht ertragen kann!"

Denke Dir, ich kann fast nicht beten, wenn ich so bin und wenn ich nicht beten kann, dann meine ich, das sei schon die erste Strafe für meine sünd= hafte, irdische Liebe! Aber Liebe muß doch auch etwas Irdisches an sich haben! Sie kann doch

nicht bloß im Himmel sein! Ich denke mir den
Himmel jetzt so wie Ragaz und den lieben Gott
wie die Kurfürsten, so feierlich, so fern und nah
zugleich, mit schneeweißem Haupte! Mein lieber
Gott hat sich seit meiner Kindheit nie verändert,
er will nie körperlos werden! Bruno! Bruno!
O, wäre es doch schon Alles vorüber!

Deine

Ulla.

Bruno! mein Vater ist hier! Er ist gekommen, mich hier in Empfang zu nehmen, sah mich lange an und sagte: „Blühend wie eine Rose! Danke, liebe Schwägerin, daß Du mir mein Kind an Leib und hoffentlich auch an Seele gesund zurückbringst!" Ich wurde purpurn, die Tante blaß. Sie wich seinem Blick aus, ich sah ihm fest in die Augen: „Ja, Vater, kerngesund!" Er wandte sich stirnrunzelnd ab: „Du bist so blaß, liebe Schwägerin! Ist Dir die Schweizerluft schlecht bekommen?" „Mir? O nein! ganz gut! ich bin nur von der Reise ermüdet, ich bin nicht mehr so jung wie Ulla."

Man sprach allerlei mit Stocken und Räuspern'
und als man sich endlich gute Nacht sagte, waren
Alle erleichtert. Jetzt höre ich ihn neben mir auf=
und abgehen und wage kaum zu athmen, aus
Furcht, er nimmt mich noch heute Abend in's
Gebet, wenn er denkt, daß ich noch auf bin. Nur
die dünne Thür zwischen uns, und eine Kluft,
ein Abgrund wie an der via mala! Weißt Du
noch, wie wir dort zusammen standen und ich sagte:
„Komm, laß uns hinunterspringen, jetzt, wo wir
so glücklich sind!" Und Du frugst, ob wir die
Rollen getauscht, ob ich auf einmal der Pessimist
geworden, der an kein Glück glauben kann? Eben
ist es mir wieder so; nur daß Du fort bist und
keine via mala mehr da, und das Furchtbare
ganz nahe, das ich damals zu vergessen strebte.
Jetzt kleidet sich mein Vater aus. Wie seine Be=
wegungen scharf und kurz klingen, als wären seine
Hände Stahlfedern und seine Schuhe von Eisen.
Wozu ist er denn entschlossen? Denn er hat einen
Entschluß gefaßt, das höre ich. O warum machen
wir's uns so schwer! Es weiß doch Jeder, daß
der Andere nicht weicht! Wir wissen Beide, daß
die schlimme Stunde naht, die Stunde der Rebel=

lion und der Unterdrückung. Wir wissen es so
gut! Warum kann nicht Alles sich glätten vor
dieser entsetzlichen Stunde! Warum gehe ich nicht
hinein, kniee mich vor sein Bett und bitte, bitte
und erzähle ihm und mache sein Herz weich!
Warum wird das meinige immer härter, seitdem
ich ihm in die Augen gesehen. Ich beiße die
Zähne zusammen und balle die Faust und meine
Augen sind trocken, als könnten sie gar nicht
weinen und mir fällt immer nur ein: „Ich will,
Vater, ich will!" Kein sanftes Wort kommt mir
in den Sinn; Bruno! nur vor Dir werde ich
sanft! Nur bei Dir denke ich nicht: Ich will!
nur bei Dir wird mir das Herz so weich, wie
wenn ich an meine Mutter denke! Jetzt geht er
wieder auf und ab, und es ist schon Mitternacht
vorüber. Werden wir Beide denn die ganze Nacht
nebeneinander durchwachen? Er weiß, was ich
denke, und legt sich zurecht, wie er mich zerknirschen
will. Bruno, was wird er sagen! Ich wollte
lieber, er schlüge mich! Ach Bruno! Mir ist
es, als sollte ich in den feurigen Ofen, dessen
Gluth mir schon Gesicht und Brust versengt!

Ulla.

Meine Ulla!

Ich habe Deinen Vater gesprochen. Erschrick nicht, Du siehst ja, wir leben Beide; er war so höflich, wie ein Fürst z sein pflegt wo er verachtet, und ich, ich war meiner Stellung angemessen!!

Als wir uns trennten, — ja, schon in Ragaz in all dem Liebestaumel, Du Wunderkind, verließ mich nicht das drückende Gefühl, daß ich ein Wicht. Durch Fraueneinfluß und Hinterthüren will ich nichts erlangen, nicht einmal einen Faden Deines rothen Haares. —

Du wirst ungeduldig, Du willst hören wie

es war und nicht warum, warte nur, der brausende
Dampfwagen hat mich so zerrüttelt, daß er mir
aus Opposition die Ruhe wieder gab; hätte ich
Dir schon in Frankfurt geschrieben, — nein, da
hätte ich Dir überhaupt nicht geschrieben! Denn
sieh, Du bist doch sein Kind, und ich hasse ihn,
hasse sein ganzes Geschlecht und werde es hassen
bis ins tausendste Glied. Und doch wozu?

Ulla, ich glaube jetzt liebe ich Dich noch weit
heftiger, weil meine Liebe ihn mehr verletzt, als
irgend etwas Anderes. Wenn ich Euch nur im=
mer zu trennen vermöchte! Aber ich kann's nicht.
Wenn ich im Traume Dich an mich reiße, hast
Du Deines Vaters Antlitz, und dann grinse ich
Dich höhnisch an. Das nennst Du kleinlich? Viel=
leicht, ich sollte melancholisch lächeln. Das wäre
„vornehm".

Also, ich wollte nach Rauchenstein, und so voll
davon war ich, daß ich den Abschied dadurch leicht
überwand. In Frankfurt blieb ich eine Nacht,
und als ich am Morgen die Treppe hinabsteige,
sehe ich Deinen Namen vor mir an der schwarzen
Tafel. Ich freute mich förmlich über solche
Hallucination. Du hast einen schönen Namen

und solch Musikant wie ich hört ihn gar gern,
selbst aus seinem eignen Munde; nicht einen Augenblick dachte ich daran, daß der Name dort wirklich stehen könnte. Eine Stunde später im Palmen-
haus stehe ich plötzlich vor Deinem Vater. Wer
mehr erschrak weiß ich nicht, vielleicht die Musa,
die uns Beide sah. Ausweichen konnte er mir
nicht, Du weißt, die Wege sind eng.

„Welch angenehme Ueberraschung Sie hier
zu sehen,“ sagte er klanglos.

„Ich komme aus der Schweiz,“ entgegnete ich
frech, „aus Ragaz, und war auf dem Wege nach
Schloß Rauchenstein.“

Er wurde sehr bleich und seine Augen er-
schienen wie zusammengezogen, einem so dreisten
Menschen ist er wohl noch nie begegnet.

„So, ich fürchte Sie hätten kaum Einlaß gefunden,“ entgegnete er, und seine Stimme wurde
etwas lauter.

„Ich habe gute Empfehlungen und Rauchenstein gilt für gastfreundlich,“ sagte ich lächelnd
— aber welch Lächeln!

„Mit Unterschied,“ erwiederte er in demselben
bittern Scherz.

Er wollte weitergehen, ich hatte den Ort schlecht gewählt, d. h. es war ja nicht freie Wahl gewesen.

„Darf ich Ew. Durchlaucht bitten mir eine Stunde anzugeben, wann ich Ew. Durchlaucht sprechen darf?"

„Ich bedauere, keinen Augenblick unbesetzt zu haben," antwortete er.

„Ich bedaure es noch mehr," entgegnete ich und trat bei Seite. —

Ich blieb wohl noch eine Stunde im Palmen= haus, die feuchte Hitze machte mich ganz schwind= lig; was ich dachte geht Dich nichts an und mich auch nicht mehr.

Als ich ins Hotel zurückkehrte, wartete vor meiner Zimmerthür Deines Vaters Kammerdiener, — ich kenne ja die Livree, in Ragaz hatte ich sie oft beneidet! — und bat mich, Er. Durchlaucht einen Besuch zu machen. Mein erstes Gefühl war Nein zu sagen, aber ich dachte an Dich und dachte auch, die in gereizter Aufwallung gesprochenen Worte wären ihm leid geworden. Außerdem wußte ich, — Du weißt, ich bin ehrlich — daß ich den Mann sehr gereizt hatte, und schließlich, es war ja jede Form gut, unter der ich mich Dir näherte. Als

ich durch den Corridor ging, hatte ich sogar eine
plötzliche unerklärliche Sympathie für den Fürsten.
„Ulla's Vater, Ulla's Vater," klang es in meinem
Herzen, „ein Stück von ihr!"

Es war Mittagsschwüle in dem dreifenstrigen
Gemach; ich weiß nicht, wie ich dazu kam, immer
die drei Fenster zu zählen, eins, zwei, drei, bis
der Fürst eintrat. Ich brauchte ihn nur anzu=
sehen, um zu fühlen, daß er die Zeit seit unserer
Begegnung nur dazu benutzt hatte, sich mehr zu
erregen.

„Bitte nehmen Sie Platz," begann er ge=
zwungen. Mich überkam wieder die kalte Frech=
heit des Palmenhauses, ich blieb stehen und sagte:
„Ich war auf dem Wege nach Rauchenstein, um
Sie (ich sagte Sie und nicht Ew. Durchlaucht)
um die Hand Ihrer Tochter zu bitten. Die
Prinzessin Ulla hat mich für würdig ihrer
Sympathie gehalten . . ."

Er unterbrach mich, nicht heftig, sondern schnei=
dend kalt: „Ich, wie mein ganzes Haus, bin Ihnen
dankbar für die Ehre, welche Sie mir und ihm
erweisen."

Er verbeugte sich, ich schaute ihn lächelnd an

und warf dazwischen: „Ich freue mich, daß Sie die Ehre zu schätzen wissen!"

„Aber ich habe andere Absichten mit meiner Tochter, über welche ich natürlich weder Ihnen noch sonst Jemand Rechenschaft zu geben brauche!"

„Gewiß nicht! Auch ich befinde mich in einem ähnlichen Falle; ich habe auch Absichten auf Ihre Tochter, über welche ich Niemand Rechenschaft zu geben brauche."

„Sollte der Fall nicht etwas anders liegen?" nahm er mit musterhafter Selbstbeherrschung das Wort, als ob wir über Völkerrecht auf dem Monde verhandelten, aber seine Augen sprühten und seine Lippen kräuselten sich; „ich bin der Vater meiner Tochter, Sie sind nur ein Fremder."

„Sie sind allerdings der Vater, ich jedoch bin der erwählte Gatte Ihrer Tochter."

Das harte Wort wirkte wie ein Schlag ... Mein Gott, Ulla, verzeih mir, ich war ja ein rohes Thier. Indem ich es Dir schreibe, sehe ich erst, was ich war, und wie ich hätte sein sollen! Es ist ja Dein Vater! Götter! Ich bin nicht werth, daß Dein schlanker Fuß mich zertritt. Liebste, Angebetete, und doch mußte es so sein!

Wir hatten gegenseitig zu viel auf dem Herzen,
und wir sind ja nur Menschen. Ich hätte aber
ein Engel vom Himmel sein können, es würde
nicht besser geendet haben, denn er kann mich nicht
verstehen, und ich ihn noch weniger.

Aber Du, süße Maid, Du, holdes Weib, Du,
Lichtgestalt, stehst ja über uns. Was soll nun
werden? Wollen wir zurück in die via mala?
Ich sehne mich nach dem kalten harten Stein, um
an ihm zu zerschellen, wie mein Lebensglück zer=
schellte am felsigen Rauchenstein. Mein Leben hat
keinen Werth mehr, hatte überhaupt nur einmal
Werth, als es an Deinem rothen Nixenhaar hing.

Es brausen die Menschen hier wie das Wasser
am Felsgestein und ohnmächtig zerschellt das eine
wie das andere Brausen!

Dein verzweifelter

Bruno.

In der Nacht schrieb ich meinem Hermes in Todesängsten und am Morgen war Dein Brief in meinen Händen. Mein Herz stand still, und ich fühlte, daß meine Lippen weiß wurden.

Wie sollte ich meinem Vater unter die Augen treten? Er aber hatte schon gefrühstückt, war ausgegangen und hatte hinterlassen, er werde mich abholen, wenn es Zeit sei. So kam es zu keinem Gespräch. In der Eisenbahn drückte er sich in die Ecke, zog eine Zeitung heraus und sprach kein Wort mit mir. Ich sah zum andern Fenster hinaus, und zerdrückte die Thränen, die beständig aufstiegen. Als wir im Wagen saßen, nach dem Schloß heraufzufahren, sagte er: „In zwei Stunden hast Du in

Toilette herunterzukommen. Ich erwarte den Erb=
prinzen von Wehnheim, der gebeten hat, sich Dir
nähern zu dürfen, deshalb einige Tage bei uns
verweilen wird. Ich wünsche daß Du Dich ihm
angenehm machst — verstanden?"

„Nein, Vater, ich verstehe nicht; ich verstehe
nicht, wie Du Deine Tochter wortbrüchig sehen willst
und falsch. Denn ich heirathe den Prinzen nicht."

Meines Vaters Augen wurden stählern.

„Du wirst es meiner Beurtheilung überlassen,
für was ich Dich halte, und was ich von Dir
denke und von Deiner Liebelei, mit der es jetzt
ein Ende hat, denn Du wirst den Prinzen heirathen."

„Wenn er mich will," sagte ich; denn mir war
eine Idee gekommen.

Im Schloß wurde ich mit Küssen und Freu=
denrufen überschüttet: „Unser Sonnenschein! Unsre
kleine Nebensonne! Unser Singvöglein!" So jubel=
ten sie von allen Seiten, fanden mich gewachsen
und schöner geworden und solchen Glanz in den
Augen! Als ich endlich frei wurde, lief ich zu
Uhlchen hinauf: „Uhlchen! Sie wollen mich zwingen
Einen zu heirathen und ich gehöre doch Hermes
Ich lasse mich todtschlagen, aber ich heirathe ihn!

Ich will ihn haben, denn ich habe ihn lieber als die ganze Welt! Ich fühle mich sogar gegen meinen Vater kalt werden!"

„Du wirst ihn auch heirathen, sehr bald, aber Deine Leiden werden so groß sein, daß Du im Staube liegen wirst und zu Gott schreien um Kraft!"

„Das thut nichts, Uhlchen! die Kraft wird kommen durch die Liebe. Ich fürchte mich nicht!"

Der Prinz kam an und war ganz nett und höf=lich, so daß mein Plan schnell reifte. Nach dem Diner zog man sich in's Billardzimmer zurück und ließ uns allein im Salon, so ungeheuer zufällig, wie das immer geschieht. Wir standen in der tiefsten Fensternische und sahen auf die Lahn hinunter. Einen Augenblick schlang ich die Finger in einander, dann sagte ich entschlossen:

„Ich habe Ihnen etwas zu sagen und bitte Sie, mich ganz ruhig anzuhören. Ich weiß, in welcher Absicht Sie hier sind und danke Ihnen für Ihr Vertrauen und freundliche Gesinnung. Wenn Sie mir diese letztere aber ganz beweisen wollen, so sagen Sie meinem Vater, wir paßten nicht zusam=men und reisen Sie wieder fort. Denn ich kann

nie Ihre Frau werden, da ich eines Andern ver-
sprochene Braut bin."

Er sah ganz bewegt aus, ergriff meine Hand
und sagte: „Wenn ich vorher von Ihnen entzückt
war, so bin ich jetzt Ihr Ritter, Ihr Sclave, was
Sie wollen und habe nur einen Schmerz, Sie nicht
früher gekannt zu haben, wo ich Ihr Herz hätte
gewinnen können. Ich wünsche nur, Sie mögen
so glücklich werden, wie ich erstrebt haben würde,
Sie zu machen. Ich reise sofort ab, um Ihnen
keine Stunde zur Last zu fallen."

Er bat sofort meinen Vater um eine Unter-
redung und reiste am andern Morgen ab. Meines
Vaters Stimmung beschreibt sich nicht. Meine
Tanten machten mir saure Gesichter. Da sagte ich
ihnen heute, ich sei verlobt und auch mit wem
Es war einzig! Du hättest gewiß gelacht. Mir
ist es nur nicht mehr zum Lachen. Denn ich weiß
nicht, was nun wird. Was wirst Du jetzt thun?
Denn so kann es nicht bleiben. Wir sind Alle
schon zu weit gegangen und machen uns gegenseitig das Leben unmöglich. Es fallen ringsum
gereizte Stichelreden. Mein Vater spricht nicht mit
mir und hat mir sagen lassen, oben zu frühstücken.

Seine Befehle kommen durch die Diener, die dabei gar keine Gesichter machen, sondern ladestock= artig werden, anstatt wie früher mir alle ihre kleinen Sorgen und Anliegen anzuvertrauen. Ich bin wirklich in der Acht. Nächstens wird man mir kaum das Brod reichen wollen. Es ist zum Davonlau'n.

Deine

Ulla.

Berlin, den 17. September 1863.

Was ich thun will, Herrin Ulla? Was ich thun will? Ich will kommen und Dich entführen, — aber was willst Du? Du mußt freiwillig zu mir flüchten; ich will Dich nicht drängen. Man kann Dich verfolgen, wir können eingeholt werden, ehe wir in London getraut sind, später kann der Fürst durch die Gerichte die Legitimität unserer Ehe anfechten lassen. De facto sollst Du nie wieder in seine Hände gelangen, dafür bürge ich Dir, aber Schwierigkeiten kann er uns bereiten. Kummer nicht, nicht wahr, Diana, keinen Kummer, denn wir kennen ihn nicht mehr? Was er thut, schert uns so wenig wie der weiße Elephant in

Hinterindien, auf welchen keine griechische Göttin
je Jagd gemacht hat.

Ulla, komm, sei muthig, sei Du selbst! Willst
Du nicht größer sein als Dein Fürstengeschlecht?
Du weißt ja, die Lebensstunde verrinnt, Du kannst
mir nie wieder geben, was Du mir jetzt entziehst.

Heute noch fahre ich nach Wetzlar und harre
dort Deiner Befehle. Ein Wort von Dir in das
Hotel zur Krone, und ich bin mit einem Wagen
unter der Blutbuche vor dem Eingange des Parkes;
ich kenne die Gegend genau, ich war im Frühling
mehrere Male dort. Man wird Dich auf der
Station suchen, wenn überhaupt; wir fahren per
Wagen bis Wetzlar, wo der Courierzug um 12 Uhr
10 Min. Abends hält. Wenn Du um 11 an der
Blutbuche bist, erreichen wir den Anschluß und
sind am nächsten Mittag in Calais und um 4 in
London. Keiner wird die Richtung vermuthen,
welche wir nehmen, Italien ist sonst das Zufluchts-
land der Liebe. Bis zum 1. November kann ich
im Ausland bleiben, bis dahin haben wir erfahren, was Dein Vater zu thun gedenkt.

Drei Tage vor der Flucht brauche ich Deine
Benachrichtigung, um nach London an meine

Freunde zu telegraphiren, wegen der Special=
Licenz zur Trauung. Hat die Trauung in Eng=
land Schwierigkeiten, können wir ja dazu nach
Amerika fahren, oder ist Dir die See unange=
nehm? Es dauert nur 9 Tage. Willst Du dort
bleiben, verkaufe ich, was ich habe, und wir siedeln
uns dort an? Willst Du? Gott, wie gern thäte
ich es! Was giebt es überhaupt, was nicht leicht
wäre, wenn ich Dich sehe, Goldnixe!

Wahrscheinlich wird Dein Vater die Einwilli=
gung zu unserer Ehe geben, sowie Du verschwun=
den. Laß für diesen Fall in einem Briefe an
Deine Tante beifolgende Berliner Adresse, an
welche die formelle Erlaubniß zu schicken wäre.
Bekommen wir die, werden wir in der deutschen
Kirche in London einmal für alle Male aufge=
boten und eine Stunde darauf getraut.

Fliegt Dein holder Athem? Zittert Dir der Ge=
danke im kleinen Haupt? Komm zu mir, ich glätte
ihn und streichle Dir das Fieber fort. Nichts mehr
darfst Du denken und fürchten, ich bin ja da mit
der übermenschlichen Kraft, um Dich über die
Erde hinfort in unsern Himmel zu tragen. Hörst
Du nicht die neunte Symphonie übertönen der

Menschen harte Worte, wie an jenem Pfingsttage? Fühlst Du nicht mehr jenen ersten Händedruck, in dem Du Dich mir versprechen mußtest, gegen Deinen eigenen Willen fast? Und Dein Leben soll unter rauschender Musik und säuselndem Gesang melodisch verklingen, der Erde entrückt, werden wir Beide nicht die Jahre zählen, und Alles, was Leid und Sorge ist, sollst Du hinter Dir lassen in dem Schooß der Vergangenheit. Glaube es mir nur, ich heile den verwundeten Stolz und das gekränkte Herz mit einem einzigen Athemzuge; in meinem Arm sollst Du stündlich selig preisen den Tag, wo Du als freier Mensch die Banden anererbter Verhältnisse abstreiftest. Komm, Maid, komm, Du dämonische Loreley, sei Göttin, keine Zauberin, beglücke anstatt zu vernichten.

Ich harre Deines Wortes.

Dein Dir hingegebener

Gatte.

Weißt Du, was ich that, als ich Deinen Brief erhalten hatte? Ich ging direct zu meinem Vater hinunter und sagte: „Vater! ich will Bruno Hallmuth heirathen." Keine Antwort.

„Ich bitte Dich um Deine Einwilligung, Vater, denn ich ändere nicht meinen Sinn!" Wieder keine Antwort.

„Siehst Du, Vater, mein Entschluß ist so fest, daß nichts ihn erschüttern kann, auch Dein Zorn nicht."

„Und was willst Du dann thun?"

„Ich gehe mit meinem Geliebten!"

„So geh'!"

„Vater!"

„Ich habe gesagt: Geh'; worauf wartest Du

denn noch? Geh'! geh'! nur will ich Tag und
Stunde nicht wissen; ich werde nicht fragen, ich
habe gelernt, Dich zu entbehren."

„Vater!"

„Kein Wort mehr! geh' mit ihm und sei
glücklich!"

Ich legte die Hände zusammen; er aber deutete
nur auf die Thür. — O Bruno! Bruno!

Ich komme um meines Vaters Segen, weil
ich Dich so wahnsinnig liebe, daß ich nichts mehr
will und fühle, wie Dich allein. Komm, Her=
mes, und hole mich, mein trauter Gemahl! Ich
will Dich verehren, Dir dienen, Dich anbeten
mein Leben lang; und Du wirst mir helfen, wenn
der Schmerz mich befällt um meinen Vater! Du
wirst dann nicht sagen: „Ich hasse ihn!" Nicht
wahr, Bruno, Du sagst das nicht und bist nicht
böse, wenn ich ihm gleiche? Du hast mich ja
geliebt, trotz der Aehnlichkeit! Du wirst mich noch
mehr lieben, weil ich mein Heiligstes in den Staub
trete? Er hat doch gesagt: „Sei glücklich!" Es
war doch kein Fluch, Bruno! Ich habe furchtbare
Angst! komm schnell, sonst kann ich nicht!

                                    Deine Braut.

Ich kann nicht anders, Bruno, ich muß fort.
Nichts, nichts kann mich zurückhalten, nicht ein=
mal ein so kategorischer Befehl wie der, den Du
gestern Abend ausgesprochen! Da Du aber nicht
mehr darauf zurückkommen kannst, — es wäre
gegen Deine Würde — so frage ich nicht mehr
und gehe. Wie der Sturm brauft, man meint
das Meer heulen zu hören. Gerade solches Wetter
war es, als ich allein den Rauchenstein verließ,
um Dir auf des Lebens hohes Meer hinaus zu
folgen!

Du schläfst so tief! Du haft nichts gehört,
als ich hinausgeglitten bin. Wie solltest Du auch
bei dem Sturm etwas hören? Er ist wie unsere

Aus zwei Welten.   20

Liebe, bei der wir nichts hörten, und die friedlos, wild und stürmisch geblieben ist; weißt Du warum? Weil mein Herz keine Ruhe finden kann, so lange mir meines Vaters Segen versagt ist. Ewig nagt es an mir wie eine Unmöglichkeit glücklich zu sein! Und nun ist er krank, schwer krank! Ich habe Dir nichts mehr von zu Hause erzählt, weil Du so bitter wurdest gegen meinen Vater! Aber was glaubst Du wohl, daß ich fühlte, wenn man mir schrieb, mein Vater sei zum Greise geworden, ganz gebrochen; Niemand könne es ihm recht machen und er habe sich in die größte Einsamkeit zurückgezogen? Erst die letzten Briefe hat er mir nicht mehr zurückgeschickt. Er hat sie wohl ungelesen verbrannt! O Bruno, Bruno! Wohl habe ich das ewige Seelenheil, wenigstens den Frieden auf Erden daran gegeben, um Dir zu folgen! Ich bin Dein, Du weißt es ja, denn ich habe nichts mehr wie Dich! Aber noch einen Götzen habe ich neben Dir, der heißt: die Pflicht! Und meine Pflicht ist es, zu meinem sterbenden Vater zu eilen, auch wenn er mich nicht empfängt, auch wenn ich kein Liebeswort von seinen Lippen höre, es wird die Sühne sein für den Kummer, den ich ihm bereitet. Siehst Du, Bruno, wenn Du

Deine Eltern noch hättest, dann würdest Du ver=
stehen, daß der Mann, der Dich schwer beleidigt
in seiner Herzensqual, da Du ihm sein Ein und
Alles nahmst, dennoch mein Vater ist! Und mir
darf er das Aeußerste thun, denn er bleibt mein
Vater. Er ist nicht ein Fremder, der meinen
Mann beleidigt und dem ich deßhalb den Rücken
kehre.

Es ist unser alter Streit, Bruno, so alt, daß
wir schon gar nicht mehr davon sprachen, da
Keiner den Andern überzeugen konnte. Unser
Stolz kann beleidigt sein, Bruno, unser Herz nie!
Das Herz läßt sich nicht beleidigen, denn es weiß
nichts von Stolz.

Bruno, auf meinen Knieen bitte ich Dich um
Verzeihung, daß ich Dir ungehorsam bin. Aber
ich kann nicht anders! Ach, warum muß ich
immer zwischen Euch Beiden stehen? Ist denn
meine Liebe so klein, daß sie Euch nicht vereinen
kann? Ist es denn ein solches Riesenwerk, daß
meine Kraft nicht genügt? Und wir könnten doch
so glücklich sein!

Wohl sind wir Beide Sturmnaturen, aber wir
könnten ja denselben Weg brausen, anstatt von

verschiedenen Seiten gegen einander zu jagen, bis es blitzt und donnert! Du wußtest es doch Alles vorher, Bruno! Mein Herz lag offen vor Dir. Alle meine Gedanken habe ich Dir gesagt; Du hast es gesehen, daß ich in Manchem anders denke als Du. Das hat aber unsrer Liebe keinen Eintrag gethan, im Gegentheil, sie wurde noch größer dadurch; sie steigerte sich durch den Widerspruch! Wir meinten sogar, es wäre langweilig, immer einer Meinung zu sein, und Jeder solle von dem Andern lernen. Wie soll aber Einer des Andern Götter zerstören? Was soll er thun, wenn die Meinungsverschiedenheit tief in's Leben eingreift! Wenn ich Dich doch überzeugen könnte, daß meine Pflicht dort liegt! Wenn ich denke, daß ich Dich in der Sturmnacht allein lasse, daß Du bei Deinem Erwachen das Haus leer finden wirst, so möchte ich mich auf die Erde legen und Dich bitten, mich zu zertreten, aber nachher mich aufzurichten und mir zu verzeihen!

Ist es meine Schuld, daß mir meine Pflicht so riesengroß erscheint, daß ich selbst Deinem Zorne trotze? Und Dein Zorn ist furchtbar! Ich habe oft vor Dir gezittert, Bruno! Aber der liebe Gott hält Dein Herz in seiner Hand und wird es mir wieder zuwenden, wenn ich genug gebüßt habe. O welches Schicksal! Ich kannte nur die Devise: Pflicht, Treue, und nun werde ich den beiden Einzigen, die ich auf Erden habe, ungehorsam und untreu. Ich fliehe vor den Beiden, für die ich sterben möchte, um sie glücklich zu machen! Was sind Felsen gegen der Menschen Gedanken! Aber ein kleiner Waldbach kann endlich auch Felsen verrücken und fortbewegen! Und ich war doch immer ein wilder Waldbach! Du hast wohl versucht, mich zu zähmen, aber meine innerste Natur läßt sich nicht zwingen und nicht bändigen. Ich habe mich schon oft vor Dir gefürchtet! Ich sage es Dir jetzt, in der rückhaltlosen Beichte dieser trostlosen Nacht. Du dachtest, ich trotzte Dir, aber ich zitterte. Siehst Du, das kommt davon, daß ich einmal pflichtvergessen war, da habe ich das Fürchten gelernt. Ich fürchtete, Du möchtest denken, ich wolle meine Geburt gegen Dich herauskehren, ich fürchtete eine schlechte und unpraktische Hausfrau zu sein, ich fürchtete Dich zu enttäuschen, nachdem Du mich so vergöttert. Und alle diese Furcht machte mich unsicher Dir gegenüber, und weil ich von dem Allen nichts zu sagen wagte, so wuchs es riesengroß und ver= giftete mir jede Stunde. Und wenn ich dann ängstlich war, wurdest Du ungeduldig, weil Dir das neu und fremd an mir war. Ich sagte Dir doch, ich sei innerlich sehr schüchtern und leicht zu erschrecken, hast Du es mir denn nicht geglaubt? Ach Bruno! könnte ich Dir doch das Erwachen ersparen! Je näher die Stunde rückt, je schwerer wird es mir um's Herz! Ich meine, es geschieht ein Unglück, wenn ich fortgehe! Wirst Du die Geduld haben, meinen Brief zu lesen? Nur nicht zurückschicken, Bruno! das ertrüge ich nicht, ich thäte mir ein Leides an, wenn das geschähe!

Ach Bruno! verzeih mir! Verzeih mir, daß ich Dich bis jetzt nicht so glücklich machen konnte, wie Du es verdienst, trotz meiner grenzenlosen Liebe! Du hast so viel Geduld mit mir gehabt, und nun thue ich Dir das! Das Eine, was Du verboten. Woher nehme ich nur den Muth, Dir in dieser Stunde nicht zu gehorchen! Ich weiß es nicht, denn mir bricht fast das Herz entzwei! Ich möchte hineinlaufen, Dich wecken und Dich bitten: Binde mich fest! Sperre mich ein unter

Schloß und Riegel, damit ich nicht fort kann! Laß mich nicht von Dir! Ich ertrage es nicht, denn was werde ich finden? Werde ich ausgestoßen vor meines Vaters Thür stehen, von Allen verachtet? Bruno, Bruno! Schütze mich, hilf mir, rette mich! Verzeih mir, mein Mann, mein Geliebter! Verzeih mir, daß ich Deinen Weg gekreuzt, mein Schicksal an das Deinige geknüpft, nur um Dich unglücklich zu machen!

Für die Haushaltung ist Alles in Ordnung, Bücher, Geld, Alles. Die Leute haben ihre Befehle, Du brauchst Dich um nichts zu kümmern, ich habe an Alles gedacht, bis ich, so Gott will, bald wieder hier bin! Ach Bruno, Bruno! Brich mir nicht das Herz, sondern habe mich lieb und verzeih mir!

Deine Frau.

Bruno! ich wollte, ich wäre nicht gekommen! Doch nein, ich wollte ja kommen! Ich wußte es vorher, wie es sein würde, — ein Canossa!

Fast hätte man die Thür vor mir geschlossen, aber ich stand schon im Hausflur, bevor man wußte, daß ich käme. Ich stand triefend naß, todtmüde und so bange! Das war ein Durch= einander! Ich wurde mit solcher Kälte behandelt, als wäre ich eine völlig Fremde. Nur mein Uhlchen streckte die Arme nach mir aus; ich fiel vor ihr auf die Knice, mit dem Kopf in ihren Schooß und weinte, als müßte ich entzwei brechen an meinem eigenen Schluchzen. Ach Bruno! warum hast Du mich nicht eingeschlossen? Dann hätte

ich's nicht thun können. Ich vergehe vor Sehn=
sucht nach Dir. Ich glaube, ich habe zu viel auf
mich genommen, ich kann es nicht durchführen.
Ich habe mir eingebildet, ich könnte Felsen be=
wegen — ich? Aber wer bin ich denn, um
solches zu können?

Bald wurde ich gerufen, ich dürfe ganz leise
bei meinem Vater eintreten, aber so, daß er mich
nicht bemerke. Er erkenne Niemand und werde
diese Nacht nicht überleben. Ich zitterte so, daß
meine Kniee mich fast nicht trugen. Die ganze
Familie war um ihn versammelt. Sie sahen sich
kaum nach mir um.

Da lag mein Vater, ganz unkenntlich im
Dunkeln und raste im Fieberwahn! Und ich
mußte stehen und hören, was er über mich sagte.
Und die Andern hörten es und sahen mich an,
als wollten sie mich steinigen. Aber das gab mir
Muth. Ich dachte, wenn ich Pflichten habe, so
habe ich auch Rechte. Ganz ruhig trat ich an's
Bett, obgleich mein Onkel mich am Arm gepackt
hatte, und ohne ein Wort begann ich feuchte
Tücher auf seinen Kopf zu legen, die Kissen zu
wenden, die Hände zu baden, die Lippen zu be=

feuchten. Er wurde ruhiger und sank in minuten-
weisen, keuchenden Schlummer. Sie wollten sich
mir flüsternd nähern. Ich legte den Finger auf
die Lippen und deutete hinaus. Und sie gingen
hinaus! Was gab mir denn die Autorität? Ich
weiß es nicht! Ich fühlte nur, daß sie mir gehorchen müßten und meinem eisernen Willen.
Seitdem habe ich mich noch nicht ausgekleidet,
nicht die Schuhe gewechselt und schreibe Dir bei
dem Schein einer Nachtlampe mit Bleistift, damit
er kein Geräusch hört.

Es war doch hohe Zeit, daß ich kam! Sie
machten lauter Dummheiten.

Ich spreche gar nicht mit ihnen, da sie zuerst
nicht mit mir sprachen, und da ich den Kranken
nicht verlasse, so fordere ich Schweigen. Er spricht
fast fortwährend von mir, bald wüthend, bald
rührend, und immer kommen die Andern gerade
in solchen Momenten und werfen mir Blicke zu
wie Dolchstiche. Ich aber neige nur meinen Kopf,
so daß mein Gesicht im Schatten und unerkennbar
ist. Ach, ich büße! In wenig Stunden habe ich
schon einen ganzen Kelch voll Bitterniß geleert
Du wirst sagen: Recht so, warum gingst Du fort!

Ich weiß warum und sehe warum, und meine doch, ich müßte bei Dir sein! Aber er will nur von mir bedient sein, obgleich er mich nicht erkennt. Er stößt alle Andern fort und wird still in meinen Armen. Was wird sein, wenn er mich entdeckt! Ich wage gar nicht daran zu denken, wenn ich höre, was er spricht! Und wenn er so stirbt und hat mir kein Wort der Vergebung gesagt, — ich glaube, ich überlebe es nicht! Ach, wie bin ich unglücklich! Warum mußte es denn so kommen?

Und ich wollte im Himmel mit Dir sein und auf Wolken gehen!

Wer kann mich erlösen von dieser Seelenangst, von diesem Fegefeuer. Weißt Du, was das heißt, Canossa, für einen Stolz wie den meinigen? Ich sehe gar keine Zukunft, nur eine Gegenwart, wie die Nacht, die mich hier umgiebt, wo kein Lichtstrahl eindringen darf!

Deine Frau.

Noch kein Wort von Dir, Bruno! Um Gottes
Willen, ein kleines Wort und wäre es auch so
furchtbar wie die, welche von meines Vaters
Lippen fallen, ich würde es in Demuth hinnehmen.
Aber Dein Schweigen und das Rasen meines
Vaters zugleich zu ertragen, das ist fast über
meine Kraft! Ich habe noch nicht einen Augen=
blick geruht!

Ich glaube die Angst um Dich macht mich
der Angst um meinen Vater widerstehen, aber
Du bist grausam, Bruno. Für Dich kann ich
doch nicht mehr nicht sein! Du kannst mich nicht
aus Deinem Leben auslöschen, wenn Du auch
möchtest! Du mußt diese Kette nachschleppen, und

selbst ich kann Dich nicht befreien, wenn Dich Gott nicht befreit. Hast Du denn gar kein Mitleid mit mir? Kannst Du mich denn so verstoßen, als wäre ich Dir nichts gewesen? Bin ich Dir nichts als eine Last und eine Enttäuschung, gar nichts weiter?

Und wenn Du mich schlügest, ich würde ohne Klage mich unter Deine Hand beugen! Nur dies furchtbare Schweigen, nimm es von mir! Denke doch, daß ich nicht schlafe und an Dich denke, Tag und Nacht, während ich meinen Vater, der mir flucht, dem Tode abringe! Bruno, es ist übermenschlich!

Deine Frau.

Willst Du denn für mich gestorben sein, oder meinst Du, ich sei noch nicht genug zerknirscht und gebemüthigt? O Bruno! Ist das Deine ganze Liebe? Ist sie so schnell gestorben und erloschen? So schnell wie unser Glück?

Nein, Du hast nie gelitten, son‌ hättest Du Mitleid mit meiner Qual! Ach, ich möchte aus diesem verzweiflungsvollen Krankenzimmer zu Dir fliehen, und dann frage ich mich: Wie wirst Du mich empfangen?

Mir ist es wie in einem bangen Traum, wo man in der Luft schwebt, immer in Gefahr, gegen die Decke zerdrückt oder in den Abgrund hinab‌geschleudert zu werden. Ich bin nirgends, denn nirgends will man mich erkennen, mein Vater nicht und mein Mann nicht, gerade als wäre ich schon todt und vom Erdboden ausgelöscht. Aber ich lebe! ich lebe und liebe. Und an meiner Liebe gehe ich zu Grunde, denn sie findet keine Verzeihung. Ich möchte manchmal meinen Kopf gegen die Wand rennen, nur um mich von dem häßlichen Traume zu befreien. Denn die Wirklichkeit kann doch nicht so grausam sein! Nein, es ist nicht möglich! Ich bin nur so überwacht und sehe Gespenster! Ihr habt mich nicht Beide verstoßen, Ihr werdet Beide zu mir zurückkehren und sagen: Dein Leiden war größer als Deine Schuld, und Du sollst unser sein"

Doch mein Vater stirbt mit dem Fluche auf den Lippen. Und der Fluch wird mich verfolgen bis an mein Ende! O wer, wer kann mir helfen in dieser Qual! O Bruno, Bruno!

Deine arme

kleine Ulla.

O mein Gott! Giebt es denn bei den Men=
schen kein Erbarmen? Bin ich denn verdammt
und gerichtet, von ihm und von Dir? Ich ver=
berge mich schon vor allen Menschen; ich verstecke
mich hinter die Vorhänge, damit mich die Luft
im Zimmer nicht sieht.

In der letzten Nacht habe ich zum ersten Mal
dies Zimmer verlassen und schlich zu Uhlchen hin=
auf. Sie saß noch im Sessel und sagte, sie hätte
auf mich gewartet.

Ich lag vor ihr auf der Erde und stöhnte
und wand mich hin und her und jammerte wie
ein kleines Kind. Und sie tastete nach mir, setzte
sich auf die Erde, zog meinen Kopf an ihre Brust

und hielt mich in ihren Armen bis ich einschlief. Ich glaube, wenn ich Uhlchen nicht gehabt hätte in dieser Nacht, ich hätte mich umgebracht. Bruno, wenn ich's nicht überleben kann, wirst Du es Dir verzeihen, das Maaß meiner Leiden so erhöht zu haben, daß ich es nicht tragen konnte?

Bruno, Du warst mir ein Gott! Hättest Du Erbarmen, so wärest Du es wieder! Ich habe Dir doch Alles geopfert, und einen Ungehorsam verzeihst Du nicht? Bei meinem Kranken nimmt die Schwäche zu. Er ruft mich beständig, und dann sage ich: „Ja, Vater!" und nehme ihn in die Arme. Dann lächelt er und schlummert. Er lächelt doch beim Klange meiner Stimme, — hast Du kein Lächeln mehr für mich?

Deine Frau.

Greifswald, den 19. November 1864.

Ihrer Durchlaucht der Prinzessin
Ulrike zu Horst-Rauchenstein.

Ich kann kein Erbarmen mit „meiner Frau"
haben, denn ich habe keine Frau. Ich habe nie
eine gehabt; jede Spur, jede Erinnerung ist getilgt.
Daß ich Ihnen Genesung Seiner Durchlaucht und
einen sonnigen Lebensweg wünsche, ist selbstver-
ständlich. Weiter habe ich nichts zu sagen.

Bruno Hallmuth.

Mein Vater hat in seiner langen und schweren Krankheit vergessen, daß ich verheirathet war. Ich habe es ihm gestern erzählt wie eine komische Geschichte, so zum Lachen, daß er wirklich lachte. Und jetzt will ich dem Professor Bruno Hallmuth die Geschichte erzählen. Vielleicht lacht er auch: Es war einmal ein König, der hatte ein einziges Kind, und er hatte das Kind lieber als sein Leben, und das Kind hatte ihn so lieb, wie man solch einen alten Mann haben kann, wenn man weiter nichts hat auf der Welt. Eines Tages ging er mit seinem Töchterlein am Strande spazieren. Da fing das Meer zu tönen an, eine mächtige Sym= phonie. Jeder Tropfen war ein Ton. Und auf

21*

den klingenden Wellen kam ein Schiff dahergefahren und am Maste stand ein Mensch wie ein junger Gott und sang.

Und das Königskind fühlte, daß es den Mann am Maste lieb hatte, lieber als seinen Vater, lieber als sein Leben. Und der König sprach:

„Sag an, schöner Jüngling, wer bist Du?"

Da sprach der Jüngling: „Ich bin Perlenfischer. Ich tauche in unergründete Tiefen und bringe ungezählte Schätze an's Licht. Willst Du mir Dein Kind zum Weibe geben? Es soll reich und glücklich sein, wie keines auf der Welt!"

„Geh zum Kukuk!" rief der König, denn er war sehr heftig, „Du sollst mit nichten mein Kind zum Weibe haben, denn es wird eine Königin."

„O Vater!" sprach die Maid, „siehst Du denn nicht, daß er ein Gott ist? Mir ist ein Königreich nichts gegen ihn! O wäre ich nur eine Perle in seiner Hand!"

Da ward der König noch heftiger und bedrohte den Fischer so sehr, daß er seine Anker lichtete und sein Schiff dahin wandte, woher er gekommen war. Aber das Mägdlein riß sich vom Vater los, flog zu dem Jüngling auf's Schiff und fuhr davon; es wollte

nicht sehen, wie der alte Mann sich das Haar raufte
und schrie nach seinem einzigen Kinde. Es gedachte
nur eine Perle zu sein in des Gottes Hand! Und
sie lebten zusammen im Fischerhaus an der stürmen=
den See und sie war sein treues Weib und diente
ihm, auch wenn er wunderlich war; und sie hielt sich
immer für zu gering für den Gott, den sie geliebt.
Und der Gott hatte gesagt: „Ewig!" Ewig wollte
er sie lieben, wie am ersten Tage. Nur sollte sie
den alten König vergessen, der einst ihr Vater
gewesen. Und das konnte sie nicht. Da haderte
er mit ihr und schalt sie: „Stolzes Königskind!
Hochmüthiges Weib." Und wenn er es nicht sagte,
so dachte er es doch. Sie las es in seinen Augen,
ward noch demüthiger und versuchte den alten
Vater zu vergessen. Da ward ihr Kunde, ihr Vater
sei krank vor Kummer, zum Sterben krank. Sie
sagte es ihrem Manne und bat ihn, sie für eine
kleine Weile fortzulassen. Sie werde noch viel
mehr ihm gehören, wenn sie des Vaters Segen
erfleht. Er aber bedrohte sie und sprach: „Gehst
Du hin, so bist Du mein Weib nicht mehr!" Sie
aber dachte an sein Wort „Ewig!" nahm ein klein
Schifflein und fuhr durch Sturm und Wetter

heimlich von dannen. Kalt und hungrig und triefend naß stand sie vor des Königs Thür. Man wollte dem armen Weibe nicht Einlaß gewähren und sie nicht mehr erkennen. Sie aber hatte mit Sturm und Wetter allein gerungen und bezwang auch die Menschen. Sie drang ein und pflegte den König, unerkannt, viele Monate. Und als er endlich besser wurde, siehe da hatte er vergessen, daß sein Kind ihm entflohen und verheirathet war. Er wußte nichts von den Flüchen, die sein Mund stündlich gegen sie ausgestoßen, während er doch nur von ihrer Hand gepflegt sein wollte. Darum war er auch ganz verwundert, daß sein Kind bleicher und bleicher wurde und so kraftlos, daß es nur noch zum Strande schleichen konnte und stumm hinausschauen und harren. Denn er hatte gesagt: „Ewig!" Eines Tages begann das Meer zu singen, aber solche Klageweisen! Und auf den Wellen kam das Schiff gefahren, wie einst, aber es hatte ein schwarzes Segel, und an dem Maste lehnte Einer, das war der Tod. Der stieg an's Land, nahm das harrende Weib sanft in die Arme, trug es auf sein Schiff und fuhr in die See hinaus, für ewig!

Als ich an dieser Stelle angekommen war, fing mein Vater so bitterlich zu weinen an, daß ich schnell einen andern Schluß erfinden mußte, in dem der Fischer wiederkam und der König ihn umarmte und Alles gut war, und wenn sie nicht gestorben sind, sie immer noch leben. Ich weiß aber, daß es anders war. Vielleicht kam der Fischer wieder. Aber er fand sein Weib nicht mehr. Er fand nur einen kindischen alten Mann, der sein Kind von ihm zurückforderte und ihm sagte, er habe es getödtet. Es war nun wahrscheinlich an dem Königskinde nicht viel gelegen, darum haben es auch die zwei Männer so ruhig sterben lassen, so ganz ruhig, blos weil es nicht mehr leben konnte. Denn es sagte nichts mehr, als das eine Wort: „Ewig! Ewig! Ewig!" Da kam die Ewigkeit, denn die gehört ja in kein Menschenherz; es ist viel zu klein dafür! Es muß lügen oder sterben, dazwischen giebt es nichts.

Wie wird der weise, gelehrte Professor lachen über die dumme Geschichte, die weder einen ethischen noch einen ästhetischen Werth hat, solch ein Ammenmärchen für Reconvalescenten, bei denen Gehirn und Glieder noch gleich schwach sind. So

arm und phantasielos, wie das Leben einer Kran=
kenwärterin. Manchmal erzähle ich auch den andern
Leuten Märchen, wenn ich mich rächen will für
ihre eiskalten, spitzen Reden, mit denen sie die
„Frau Professorin" zu geißeln wähnen. Meine
Hiebe sitzen besser, denn meine Zunge wird täg=
lich schärfer; es ist eine wahre Freude, wie sie
schneiden kann. Es wird den Menschen ganz kalt
dabei. Nächstens bekommt der Professor solch ein
Märchen, nicht ein sanftes Kindermärchen, wie
das heutige, sondern Eines, bei dem es ihm auch
eiskalt wird. Ich kann das versprechen. So sicher
bin ich meiner Wirkung. Viele erkennen mich nicht,
weder mein Gesicht, noch meine Zunge; selbst meine
Haare sind um mehrere Töne dunkler geworden
und meine Satyren klingen so wahnsinnig wahr=
haftig, weil ich keine Rücksicht mehr kenne.

Ulrike.

Aus Bruno's Briefmappe.

.

Du meinst, ich zürne? O nein, Kleine. Aber
da es so enden mußte, soll es schroff, unvermittelt
enden. Du sollst in Deinem Stolz getroffen
bleiben, und er soll Dich kräftigen, an ihm soll
Dein Herz gesunden. Nein, ich zürne nicht, wenn
ich allein die Winternächte bei Deiner kleinen Lampe
durchwache und arbeite. Weißt Du noch, Ulika,
Ulika, als Du mich ganz verstört ansahst, wie
Du die Lampe gekauft, und seufztest: „Was thut
man denn, damit solch ein Ding brennt?" Die
kleine süße Prinzeß wußte nicht, daß zu einer Lampe
auch die Dochte gehören, sie meinte, die wüchsen
von selbst darin.

Nachts zürne ich nicht, wie sollte ich auch vor
dieser Lampe, aber am Tage, wenn die spärliche

Sonne einmal scheint. Und doch ist es kein Zürnen,
Du kannst ja nicht dafür und ich auch nicht, es
ist Menschenloos, und darum trage ich es. Wir
konnten uns nicht verstehen, die ganze Kluft von
Mensch zu Mensch, die, ach, so viel weiter ist,
als zwischen Mensch und Thier, lag zwischen uns.
Ich wußte es schon vor Jahr und Tag, aber Dem
nutzt kein Wissen, den die Leidenschaft bethört!
So trage ich alle Schuld und will sie schweigend
tragen mein Leben lang. Was ist Dein heftiger
Schmerzausbruch gegen meinen stummen Wahn=
sinn! Ich freue mich Deiner leidenschaftlichen
Worte, je leidenschaftlicher, je schneller verfliegt
Dein Kummer. Wenn die Jahre über den Traum
unserer Ehe ziehen werden, mildern sie Dir die
Erinnerung; bald lächelst Du wehmüthig über
die eigene Thorheit, — und dann bist Du Dir
und den Deinen gerettet. Gerettet für das, was
das Leben ist und Dir sein soll: das gleichförmige
Einerlei kleiner Sorgen und noch kleinerer Freuden.
Ich aber liege im steten Hader mit ihm; mit der
ganzen bürgerlichen Existenz habe ich abgeschlossen;
bis zum Frühling bleibe ich hier, weil ich muß;
dann gehe ich in die Länder jenseits des Meeres,

wo gut ist, was hier böse, wo unsere verkehrten
europäischen Begriffe aufgehoben sind. Und wenn
ich dann genug gelernt, dann trete ich vor mein
Volk und sage ihm, was die relativ leichteste Art
ist, das Leben zu ertragen. Doch wozu ertragen?
Nein, ich werde lehren, worin ich selbst die Ruhe
gefunden: die feste Hoffnung auf den allgemeinen
und vollständigen Untergang alles Geschaffenen:
die neue, wissenschaftlich begründete Glaubenslehre!
Aber werden sie mir glauben, wo die Eine nicht
einmal glaubte, welche den heißen Athem fühlte,
wenn ich sprach?

Großer Gott, welche Tage beginnen wieder!
Verlassen hat sie mich, ja verlassen! Ich wollte
es fortphilosophiren, aber sie ist wieder da, die
ohnmächtige Wuth der ersten Woche. Nicht ein=
mal das habe ich über das Weib vermocht, das
ich rasend liebte! Der öffentlichen Schande hat
sie mich preisgegeben. Wie las ich es auf den
Gesichtern Aller im Hause; und darum jagte ich
sie Alle fort, bis auf die Alte! Und nun habe
ich auch sie fortgeschickt! Sie wagte es, ein Wort
gegen meine Göttin zu sagen! Hat mich die Alte
auch auf dem Arm getragen, das hätte sie nicht

wagen dürfen. Gegen meine Ulla! Nein, wenn
die Andern sagen, Du hast böse gehandelt, dann
weiß ich, daß Du gut thatest fort zu gehen. Nun
ist das alte Haus ganz öde, wie früher, noch öder;
der Zauber, welcher es einst belebte, ist ja erstorben. Manchmal suche ich ihn noch. Dann
schleiche ich leise in die Zimmer oben; ungelüftet,
ungereinigt ist Alles, wirr liegen die Gegenstände
durcheinander, die ich nicht zerseßte und zertrümmerte
in der ersten Stunde des grauenvollen Erwachens.
Wie habe ich sie nur überlebt! Jeßt bin ich nie
mehr zornig! vorüber und vorüber! Ich hatte
es ja kommen sehen, wie konnte ich nur so erschrecken! Vom ersten Tage der Ehe an habe ich
Dich ja damit gequält. Wie habe ich es eigentlich
heraufbeschworen! Weißt Du noch, auf dem Schiffe
schon, als wir aus dem Nebellande fuhren, um
uns in dem neuen Nebel hier zu begraben?

Tag und Nacht habe ich auf Deinem Antliße den
Entschluß zu finden gesucht, den Du nun genommen.
Sehr weise hast Du ihn ausgeführt; die Brücken
zwischen uns sind abgebrochen, Du siehst mich nie
wieder. Es war Dir wohl nur Qual, die ganze
Ehe? Gestehe es nur! Als wir uns in London zum

erſten Mal mißverſtanden und Du nun meine
Frau, nicht mehr die freie Ulla, meine Braut,
warſt, da riſſeſt Du wild, verzweifelt an Deinen
rothen Locken? Und als wir den erſten Tag da=
heim verlebten, da fragteſt Du Dich wohl mit
erſtorbenem Herzen: „Dies iſt es nun, dies iſt
das erſehnte Glück!" Und Du hatteſt den faden
Geſchmack im Munde, als wäre das Ganze eine
nightmare? Wie bedrückte Dich die kleine Stadt, wie
ſchrakeſt Du zuſammen bei den gut gemeinten Zu=
traulichkeiten der Nachbarn! Ich fühlte es jedes
Mal wie einen Stich durch mein Herz, denn ich
las beſſer in Dir, als Du ſelbſt es vermochteſt.
Aber dann wurde ich immer toller vor der ver=
zehrenden Angſt Dich unglücklich zu ſehen, immer
hartnäckiger; und ich ſchleppte Dich in den Tabak=
qualm und Bierdunſt einer Kneipe, — nie hätte
ich das einer andern Frau zugemuthet! Ich that
als widerte es mich nicht an; Du kämpfteſt mit
einer Ohnmacht, doch Dein Wille war ſtärker
als Dein Körper, aber mein Knabentrotz noch
ſtärker als Alles. Es war, als wollte ich einmal
von Dir das verletzende Wort hören, „ich bin ein
Fürſtenkind, ich kann das nicht", um Dir das

Wort vorzuwerfen, um einen Groll gegen Dich
hegen zu können. Du sagtest es nie, aber ich
hörte es, ich hörte es unaufhörlich, ich fühlte
die Herablassung Deines Wesens, mich quälte
Deine Demuth, ich hielt sie für Ironie. Ja, ich
verstehe es nicht, aber es war darum doch so:
ich handelte roh — und würde immer wieder so
handeln. Denn ich vertrage es nicht, daß Du
fühlst, wie viel Du mir aufgeopfert. Ulla, Ulla,
ich weiß es, daß ich ein Elender bin und Du
ein Engel, aber darum werde ich immer verstockter.
Ach, hättest Du nur ein Unrecht gegen mich, und
ich nicht alle, alle; — wie mild, wie gut würde
ich sein! Doch Du kannst überhaupt nichts Un=
rechtes thun, mir wenigstens nicht.

Du weißt doch, daß Du ganz frei bist? Sei
nicht zu stolz, wenigstens das von mir anzu=
nehmen, sonst tödte ich mich.

Triumphiren die Deinen? Hörst Du täglich wie
recht sie hatten? Nach einem Jahre kehrtest Du ja
heim! Soll ich Dir jetzt erzählen, was Dein Vater mir
in Frankfurt sagte? Ach, ich erzähle Dir ja nie wie=
der etwas, wozu auch, nicht mündlich und nicht schrift=
lich. Und es giebt kein Jenseits, keine Hoffnung!

Greifswald, Dezember.

Du schreibst nicht mehr. Ein, zwei, drei Wochen habe ich noch gewartet, nun bin ich beruhigt. Ich war also wirklich ein guter Arzt! Die schwerste Zeit hast Du überwunden, und ich — ich will ja nur an Dich denken! Nun ist bald Weihnachten! In wie lärmender Fröhlichkeit suchten wir vor einem Jahre zu vergessen, daß Du brennende Thränen geweint vor Heimweh! Ich wußte es wohl, Ulla, Geliebte, ich hatte Dich schluchzen gehört und mich schlafend gestellt. Als die Dämmerstunde kam, da hieltest Du es nicht aus, Du wolltest wenigstens eine Orgel hören, da Du nicht selbst um Deine weichen Töne das ganze Schloß versammeln konntest; Du batest mich in die Christmette zu gehen. Ich that es so gern, aber ich glaube, zuerst sträubte ich mich und brüstete mich mit meinem Unglauben. Es war sehr schön, einzig schön. Gestern ging ich wieder in die Nikolaikirche, — nur aus Versehen — ich hielt es aber nicht aus, vielleicht weil entsetzlicher Ostwind heulte und die Kirche so kalt war?

Neulich, als ich mich einmal ein paar Tage nicht zu Bett gelegt, wie in der alten Zeit, ehe Ulla zu Horst-Rauchenstein's Briefchen in das Wallenstein-Haus kam, hielt's mich nicht im Zimmer, als der Morgen graute. Ich ging an die Eisenbahn, — wie die Spießbürger, welche sich noch täglich davon überzeugen, daß sie jetzt eine wirkliche Eisenbahn haben, — um den Frühzug zu sehen, mit dem Du entflohen.

Zwei Studenten trafen mich da und erkannten mich, darauf baten sie, ob ich nicht am Abend ihrem Commers präsidiren wollte. Auch die kleine Hauptmannsfrau kam auf mich zu, sie reiste nach Hause, und erkundigte sich nach „Ihrer Durchlaucht". Ich hatte gerade einen Brief von meiner Frau bekommen, mit lauter guten Nachrichten!! Seitdem bin ich nicht wieder auf den Bahnhof gegangen.

Im Hause verkommt Alles, mein Bursche ist so ungeschickt wie ich; wo keine Frauenhand ordnet! Mir ist das sehr lieb, jede Art Zerstörung ist mir wohlthuend, aber heftig könnte ich nicht mehr werden, nie mehr, die Seele ist ja fort.

Wie lange soll das noch dauern?

*

Januar.

Ich habe alle meine Manuskripte verbrannt. Nun ist mir wunderbar wohl. Die Zeit naht, wo ich fort könnte, aber ich glaube ich bleibe hier. Hier habe ich Dich zuletzt gesehen, hier sind die tausend Gegenstände, welche durch Deine Hand gingen. Vielleicht hast Du erwartet, daß ich sie Dir schickte? Jetzt ist es aber zu spät, und im Anfange habe ich nicht daran gedacht. Ach nein, Du wolltest sie wohl nicht, denn sie entstammten nicht Deinem Schloß; es war wohl Absicht, daß Du in dem Kleide davon gegangen, in dem Du einst den Rauchenstein verlassen hast. Ich selbst habe Dich ja das Entfliehen gelehrt, was wunderte ich mich?

Den ganzen Winter habe ich von zwei Vorstellungen gelebt, Ulla! Die Eine war . . . . Du kämest wieder! Allabendlich zwischen fünf und sechs Uhr hörte ich den Wagen vorfahren. Ich saß unten an meinem Schreibtisch und rührte mich nicht, starrte mit der Feder in der Hand auf das leere Blatt. Die Hausthür, die schwere Thür, an der wir Abends manchmal zum Scherz

beide drückten, wenn wir vom Strande zurückge-
pilgert, den Weg jenseits des Rycks, bei der Sa-
line vorbei, über die Moorerde, wo nie die Anderen gehen! Ja, die Hausthür öffnest Du dann
rasch allein. Es ist dunkel in dem tiefen Flur,
aber Du findest die Thür in der Nische; durch
die Schießscharten hast Du Licht unten bei mir
gesehen, Du schlägst die Portiere lautlos zurück.
ich rühre mich noch immer nicht. „Da bin ich!"
rufst Du lachend, triumphirend wie damals in
Ragaz, wo die holde Maid wußte, wie viele Stunden ich ihrer geharrt, oben im Walde, um sie
einen, nur einen Augenblick in die Arme zu schließen.
Manchmal auch sagst Du nichts, aber Du hast
mich umfangen und Deine Locken fallen über
mein Gesicht.

Ist es sechs Uhr vorbei, stehe ich auf. „Heute
nicht, aber vielleicht morgen!" denke ich.

Morgens lebt der andere Traum. Ich bin
wirklich fortgefahren mit dem Frühzug, ich komme
hinauf in's Schloß, ich frage nicht den Kastellan,
keinen der Diener in der Halle, ich gehe wortlos
an Allen vorbei, bis oben in Dein Zimmer, in
das die Lindenzweige einst die Blüthen reichten.

Dort ſtehſt Du am Fenſter. „Komm,“ ſage ich „komm,“ und nehme Dich an der Hand, und Du folgſt. Aber ich habe das Recht Dich zu rufen verwirkt. Und ſelbſt thäte ich es, wozu? Die Qual begänne Dir von Neuem, denn ich liebe Dich tauſendmal wilder als je. Ich habe nichts gelernt, wir können einander nicht verſtehen. Wahnſinnig liebe ich Dich, aber ich möchte Dich lieber tödten, als noch einmal das erſte Jahr der Ehe durchleben mit dem Bewußtſein Dich unglücklich gemacht zu haben. Aber tödten in der erſten, glühenden Umarmung.

.

c

Februar.

Ich gehe nicht fort, ich arbeite auch nicht mehr, ich habe die Einſicht erlangt, daß ich nichts leiſten kann. Meine Liebe iſt das Sinnbild meines Seins und meines Könnens. Sie wollte den Himmel ſtürmen und konnte nicht einmal auf Erden kriechen. Alles war hohler Schein. Alles Streben ſcheitert an der Wirklichkeit, und Jeder iſt an ſie gebunden, auch der ſich Halbgott geträumt. Hätte ich nicht genießen wollen, anſtatt zu entſagen, wie

Vielen hätte ich helfen können. Aber was hätte selbst die größte Leistung bedeutet, nichts, und das ist ein großer Trost, denn ich zahle den Tribut der Irdischkeit.

Weißt Du, was ich oft gedacht, wenn ich Nachts von meinem Bette in die Sterne schaute: daß Du und ich nur figürlich, nicht wirklich existirt haben, daß wir eigentlich zwei Weltkörper waren, die nach ewigem Naturgesetz in ihrer Bahn sich nur berühren, um zu zerschellen. Wenn sich die Welten dort oben kreuzen, dann fliegen sie nach der Berührung, falls dieselbe sie nicht vernichtet, mit solcher Gewalt in entgegengesetzte Richtungen, daß ihre Kreise sich nicht wieder treffen. Manch= mal aber vernichtet der eine Himmelskörper den anderen, Ulla, und er kreist ruhig weiter, während der schwächere in's Nichts zurücksinkt. Ich bin stolz, dieser Schwächere zu sein. Aber auch der Stolz erlischt wie alles andere, wie Schmerz, Ver= zweiflung und Wahnsinn. Nur Du müßtest bleiben im allgemeinen Vergehen, da Du dem Niegewesenen entsprungen, Du Diana, die mir Lorelei geworden.

Greifswald, den 16. Februar 1865.

Ein Brief! ein Brief von Dir! Aus Rauchen=
stein! In derselben festen Handschrift! Mit der=
selben Freimarke! Und meinen Namen hast Du
noch einmal geschrieben! Wie war Dir, Lorelei?
Wie war Dir? Zuckte es um Deinen Mund weh=
müthig? Oder preßtest Du die Lippen auf ein=
ander und bebten Deine feinen, durchsichtigen
Nasenflügel vor Zorn? Ich nahm den Brief
und ging hinauf in Dein Puppenzimmer, setzte
mich an den kleinen, schwarzen Tisch, auf dem
noch drei Bologneser Gläser lagen, die Du so gern
in der Hand zerbrachst, um mit dem Glasstaub
zu spielen! Hast Du viele zerbrochen? Also Du
beschäftigst Dich noch mit meinem Staube? Das
Jahr ist noch nicht ausgelöscht! Ja, Dein Märchen
ist rührend, wie alle Märchen. Sie sind auch
ewig, denn ewig ist nur das Niedagewesene!
Kind! kein Glück der Wirklichkeit kommt dem der
Einbildung gleich. Mein Leben fängt jetzt wieder
an sich wunderbar zu gestalten. Ich lebe mit
Dir, ich habe vergessen, daß Du je wirklich hier
warst, mein Haus ist mit Dir bevölkert! Jedes

Buch, jeder Gegenstand steht mit Dir in genauer
Beziehung. Manchmal bitte ich Dich, mir etwas
zu reichen. Dann rauscht Deines Kleides lange
Schleppe. Du trugst immer sehr lange Kleider,
aber meistens lautlose. Weißt Du noch, wie die
Leute auf dem Offizierball Dich bewunderten?
Heute ist es ein Jahr. Lichtweiß warst Du, licht=
weiß! Und ich wurde wild, als ich Dich in dem
großen Saal so königlich einherschreiten sah; denn
die Uniformen heimelten Dich an, besonders die
Pasewalker Cürassiere, die herüber gekommen waren!
O, aber erst in dem dunkeln Sammtkostüm auf
der Eisbahn, als wir auf dem Bobben liefen und
nicht, wie andere Menschen, auf den über=
schwemmten Wiesen, damit Dich Niemand sähe,
Ulla! Ulla! Aber denkst Du je an den nordischen
Sommer auf Stubbenkammer? Doch jetzt habe ich
Dich mehr, als ich Dich jemals hatte und Du
bist erlöst! Noch einmal wirst Du mir schreiben,
wenn Du einem Anderen Deine Hand reichen
möchtest, und darüber meinst Du, soll es mir
grausen? Nein, nein Geliebte! Ich glaube, an
dem Tage, an welchem Du Deine Freiheit recht=
lich begehren wirst, um sie wieder zu verschenken,

an dem Tage bin ich der Glücklichste aller Sterb=
lichen! Dann weiß ich, daß gesühnt ist, was ich
verbrochen. Dann lege ich mich in den Sarg,
schließe das Auge, in dem Dein süßes Bild lebt,
und träume ewig von Dir. Das thue ich schon
jetzt, immer träumen, nicht mehr denken! Oft sehe
ich auch die Gegenstände nicht mehr klar und lese
dasselbe Buch dreimal hinter einander, nur was ich
lange gewohnt war, kann ich noch mechanisch thun!
Es ist wunderbar, Kleine, wie Alles erstorben
und nur so ein sanftes, unklares Träumen blieb.
Ewig bist Du mein, weil ich Dich verloren!

Noch einmal, zum letzten Mal, mußt Du mich
anhören; denn in diesem Leben werde ich Dir
wohl nicht mehr schreiben. Wenn Du diesen Brief
erhältst, bin ich vielleicht nicht mehr. Bruno! ich
habe Dir etwas bis jetzt verheimlicht, das Du
heute erfahren mußt. Die ersten Monate wußte
ich es selbst nicht, da ich keine Mutter hatte, die
mich über meinen Zustand hätte aufklären können,
und als ich es wußte, habe ich aus Trotz und
Bitterkeit geschwiegen. Heute ist es mein Recht
und meine Pflicht, Dich an meine Seite zu rufen,
denn in wenigen Tagen werde ich Mutter sein!
Vielleicht kommst Du zu spät und findest mich
nicht mehr am Leben; denn daß ich in der

Stunde sterben muß, deſſen bin ich gewiß. Dann
aber wirſt Du Dein Kind in die Arme nehmen
und an meiner Leiche ſchwören, es ſo zu erziehen,
wie ich es erzogen hätte, damit es ein braver und
rechtſchaffener Menſch wird. Es wird ſehr ſchwer
zu erziehen ſein, wenn man an die Umſtände
denkt, unter denen es geboren iſt; Du wirſt es
aber verſtehen; denn wenn Du unſer Kind ſiehſt,
ſo wird die alte Liebe in Dir aufflammen, viel
heiliger, viel reiner, da ſie von Allem entkleidet
iſt, was irdiſch war. O Bruno! ich habe Dich
übermenſchlich geliebt! Ich ſage es vor Gott, in
meiner Sterbeſtunde, und darum bin ich auch ſo
ſchwer heimgeſucht worden, weil ich aus Dir
meinen Abgott gemacht hatte und gemeint, ich
könnte nicht leben ohne Dich, denn ſiehe, ich ſterbe!
Verzeih mir, daß ich für Dich nichts war, als
eine bittere Enttäuſchung. Du haſt vielleicht zu
viel von mir erwartet und darum nicht das gefunden, was ich Dir gegeben hätte, wenn Du es
hätteſt haben wollen. Jetzt gebe ich Dir das Letzte
und Beſte, das ich zu gewähren im Stande bin:
Deinen Sohn! Verſprich mir, daß Du ihn fern
von Deinen und meinen Standesvorurtheilen er-

ziehen willst und ihn zum Menschen machen, ohne
Kastengeist und ohne Auflehnen gegen bestehende
Ordnung, da er ja doch den Weltbau nicht um-
stoßen kann, auch wenn er unsere beiden Sturmnaturen in sich vereinigt! Und wenn Du vor dem
Greise stehst, der mein Vater war, so habe Geduld
mit ihm und sei nicht hart und bitter und ungerecht! Verzeih ihm, wenn er es ist. Er hat mir
zwar heilig versprochen, gütig und geduldig zu
sein. Aber wenn er mich todt sieht, so wird er
sich vielleicht nicht mehr bemeistern. Nicht wahr,
Bruno, es wird kein Streit an meinem Sarge
sein? Du hast mich doch einmal so lieb gehabt,
daß Dir nichts zu groß für mich war. Nun verlange ich das Größte, weil es das Letzte ist, Dein
letzter Liebesdienst! Und Bruno! nicht wahr, Du
wirst Deinem Knaben manchmal von seiner Mutter
sprechen und ihm sagen, daß seiner Mutter Ziele
immer hoch gesteckt waren? Laß die Wahrheit
sein Herz erfüllen, die uns immer bewegt, die uns
zusammengeführt hat. Und ich werde dennoch ewig
Gott danken, daß er uns zusammengeführt. Wir
waren wohl des hohen Glückes unwürdig und
mußten darum, statt der höchsten Seligkeit, den

tiefsten Schmerz kosten. Das war aber nur unsre
Schwäche und Kleinlichkeit; denn unser Loos war
auf das Lieblichste gefallen. Wenn ich denke, daß
wir jetzt zusammen unsern Knaben empfangen und
erziehen dürften, so zieht sich mir das Herz in
unendlichem Weh zusammen. Mir ist es, als
könnte es für mich keine Seligkeit geben, sondern
als würde der Schmerz um das verlorene Erden=
leben mir in's Jenseits folgen! Es ist vielleicht
unrecht das zu denken, nachdem ich Gott so ge=
fleht, mich sterben zu lassen, damit ich nicht die
Sünde beginge, selbst Hand an mich zu legen.
Und nun wird er mir meine Bitte gewähren und
mir dabei die Kette zeigen, die mich auf die Erde
bindet, so lange Du und mein Kind am Leben
sind! Und wenn Du wieder heirathest, Bruno!
dann denke dabei an das Kind! Prüfe sie zuerst, ob
sie mütterlich ist und dann habe sie recht, recht
lieb, friedlich lieb, damit das Kind nie ein Ge=
witter zu sehen bekommt, das seine zarte Seele
traurig machen könnte! Denk', daß die Hälfte des
Glücks in Geduld besteht und die andere Hälfte
in Selbstlosigkeit; aber nicht in stürmischem Be=
gehren und unaufhörlichem Verlangen nach Höhe=

rem, Größerem! Du hast immer geglaubt, die
Kraft bestehe im Bändigen und Beugen des Schick=
sals, und ich schwöre Dir, sie besteht im stillen
Tragen und im Verleugnen seiner Selbst! Ich
spreche in meiner Sterbestunde, Bruno, sonst würde
ich nicht wagen, Dir so zu schreiben. Aber ich
wünschte so sehr, Du sähest, daß es nur ein Irr=
thum war, der unser Glück verkleinert, ein Irr=
thum von uns Dreien, die wir uns eines unbeug=
samen Willens rühmten. Was ist denn unser
Wille? Einbildung und weiter nichts! denn wir
gehorchen doch nur immer, bald der einen Macht,
bald der andern, und bilden uns ein wir wollen!
O dieser eiserne Wille ist lauter Thorheit, so lange
er nicht dazu dient, uns ganz willenlos zu machen!
Jetzt sehe ich alles klar, weil es zu Ende ist, weil
ich eine Hölle durchgemacht habe, ganz allein, ohne
Stütze, ohne Hülfe, ohne Freunde und Begleiter.
Jetzt erst wäre ich im Stande, Dir ein rechter
Kamerad zu sein, und da klingt das Zügen=
glöcklein leise und vernehmlich an mein Ohr, das
mich von hinnen ruft. O Bruno! hätte ich Dir
noch einmal in die Augen sehen dürfen!

Dein in Ewigkeit.

Rauchenstein, den 15. Mai 1865.

Liebe Tante!

Ich habe Dir einmal versprochen Dir zu
schreiben, wenn ich den Sieg errungen! Tante!
er ist mein! Ich bin durch Todesqualen gegangen,
aber ich lebe noch; ich lebe wieder; denn ich war
eigentlich schon todt und nun bin ich ganz erstaunt zu leben und so unbeschreiblich, so unendlich, so friedlich glücklich zu sein! Es stand sehr
schlimm, Tante; ich dachte es könnte nie wieder
gut werden. Und da schrieb ich Bruno einen
Abschiedsbrief, gerade vor meiner Niederkunft;
denn ich dachte sicher, ich würde sterben und er
würde mich nicht mehr am Leben finden. Ich

bekam keine Antwort und die Wehen fingen an.
Mein Vater saß bange an meinem Bett, da geht
die Thüre auf und herein tritt Bruno! Ich stand
ganz gerade in meinem Bett und schrie laut. Im
nächsten Augenblick lag ich bewußtlos in seinen
Armen! Ich glaube, ich war sehr lange ohne
Besinnung. Als ich zu mir kam, hielt er mich
noch immer. Ich klammerte mich an ihn und bat
ihn um Gottes Willen, er solle mich nicht ver=
lassen, nun da ich sterben müßte! Er solle noch
einmal, noch ein einzig Mal so recht, recht zärt=
lich mit mir sein, sonst könne ich in Ewigkeit nicht
selig werden! Und er küßte mich so und weinte
und dann sah ich erst meinen Vater, dem ich doch
meine Todesgedanken immer verheimlicht hatte;
dem zitterte der Bart. Da ergriff ich seine Hand,
führte sie an meine Lippen und legte sie in Bruno's
Hand und sagte: „Mein Sterben eint Euch! ich
habe diesen Frieden nicht zu theuer erkauft! Ihr
werdet nie wieder hadern; denn ich bezahle Euer
Verzeihen mit meinem Leben!" Da kamen wieder
große Schmerzen und ich konnte nicht mehr sprechen.
O, es war schlimm. Es dauerte vier Tage und
Nächte und Bruno wich nicht von meinem Bett.

Mein Vater ging manchmal hinaus. Er konnte nicht mehr. Ich sprach so viel ich konnte zu ihnen, als wenn ich schon halb im Jenseits wäre und zeigte ihnen alle unsre Thorheit und alle die unnütze Pein, da wir vor Gott und vor dem Tod doch gleich sind! Ich konnte nicht immer sprechen, besonders zuletzt gar nicht mehr, weil mich die Kräfte verließen. Da frug der Arzt flüsternd:

„Soll ich die Mutter retten, oder das Kind?"

„Meine Frau um jeden Preis, was schert mich das Kind!" sagte Bruno außer sich. „O, mein Kind! mein Kind!" rief ich, „rettet mir mein Kind! ich sterbe so gern, so leicht! Der Tod ist ja so süß!"

Da ging mein Vater hinaus und Bruno nahm mich fest in die Arme. Dann geschah etwas Furchtbares, und ich verlor das Bewußtsein. Wie lange es war, das weiß ich nicht. Ich dachte, es sei der Tod. Aber es war doch nicht der Tod; denn auf einmal hörte ich ein Schluchzen und dann hörte ich — denke Tante! — meines Kindes Schrei. Mit unsäglicher Anstrengung öffnete ich die Augen und sah sie Alle um mein Bett stehen und weinen, nur Bruno nicht. Seine Augen sahen aus wie

gebrochen, als wäre er todt und sein Gesicht war
aschbleich. Ich sah ihn nur an. „Sie lebt!“
schrie er auf und warf sich schluchzend in meines
Vaters Arme! Tante, wie ich das sah, da wäre
ich beinahe noch vor Freude gestorben! Mir
schwanden schon wieder die Sinne. Aber der Arzt
gebot Schweigen und Stille und flößte mir allerlei
ein, bis ich flüstern konnte: „Mein Kind!“ gebt mir
mein Kind!“ Und da legten sie mir das kleine
Wunder in die Arme und ich sagte: „Bruno,
unser Kind!“ und fühlte seine Thränen auf meinem
Gesicht! Und dann sagte ich: „Vater, Dein Enkel!“
und mein Vater beugte sich über das Kind und
küßte es! Es ist aber auch ein zu schönes Kind,
ein Riesenbub! Er sieht schon aus, als wäre er
drei Monate alt und es sind erst fünf Wochen!
Denke Dir, Tante, und nun ist es Pfingsten, ge=
rade zwei Jahre, daß wir uns verlobten! Ich
muß doch sehr gute Milch haben, daß er so ge=
deiht! Wenn ich ihn stille, dann betrachtet uns
Bruno ganz andächtig und sagt: „Madonna!“ Sie
wollten mich nicht nähren lassen, aber ich bat und
schmeichelte und sagte: „Nur versuchen! nicht für
lange!“ Man erlangt doch viel mehr mit Schmei=

cheln als mit Trotzen, nicht wahr, Tantchen? Man
sagt, ich sehe sehr gut aus; nur um die Augen
läge noch etwas Leidensvolles! Das wird wohl
für immer da bleiben! Ich kann auch gar nicht
jubeln über meinen Sieg! Ich werde immer noch
so still und versuche die Vergangenheit zu vergessen und vergessen zu machen! Bruno ist voller
Rücksicht für meinen Vater und mein Vater frägt
ihn allerlei. Und ich höre ihren Gesprächen zu,
lege meinen Kopf an die Lehne vom Sessel, lächle
und schweige still. Ich muß es mir immer noch
sagen, daß ich leben darf und glücklich sein! Ich
fürchte mich vor meinem Glück, gerade als wäre
es immer noch gestohlen und nicht als wenn ich es
mit Todesqualen erkauft hätte. Ein letztes Opfer
den neidischen Göttern habe ich noch bringen müssen:
Mein Uhlchen ist vor vier Tagen sanft entschlafen.
Sie war mein einziger Trost in dem furchtbaren
Winter. Bruno hat noch viel mit ihr gesprochen
und dann war er jedesmal ganz verstört und
küßte mich zehnmal! Denke Dir, er hat mir sogar
schon die Füße geküßt, als er mich zum ersten Mal
aus dem Bette trug in seinen starken Armen!
Ich glaube, er hat immer noch Angst, daß ich

auf einmal doch noch ganz ſtill aus dem Leben ſchlüpfe! Aber dann zeige ich auf den Bub und ſage: „Ich will leben! ganz gewiß, ich laufe nicht davon!" Wir bitten Dich auch Pathin zu ſein, wenn Du Dich nicht mehr vor meinem Vater fürchteſt! Mein Vater iſt ſo milde und gut und beinah wieder ganz ſtark, nur ein wenig gebeugt. Bruno hat zwei weiße Haare im Bart und will mir nicht erlauben, ſie auszureißen.

Deine

Ulla.

P. S. Der Bub iſt zu ſchön, Tantchen!

Druck von Emil Herrmann ſen. in Leipzig.